施設実習の手引き

西川ひろ子・山田修三・中原大介【編】

渓水社

目　次

第1章　施設実習の概要 ………………………………… 1
第1節　保育実習の体系　1
第2節　施設実習の意義と目的　3
第3節　施設保育士の職務内容　4
第4節　施設保育士の資質と倫理　7

第2章　児童福祉施設の理解と概要 …………………… 10
第1節　施設利用児（者）の現状と課題　10
第2節　施設利用児（者）へのかかわり方　11
第3節　施設の種類と特徴及び利用児（者）理解　12

第3章　障害者支援施設の理解と概要 ………………… 24
第1節　障害者支援施設等の概要　24
第2節　障害者支援施設等に配置される職員　27
第3節　障害者支援施設・障害福祉サービスの対象者　28
第4節　障害者支援施設・障害福祉サービス事業所における支援内容　29

コラム1　施設での宿泊が不安 …………………………… 32

第4章　施設実習オリエンテーション ………………… 33
第1節　実習施設の決定　33
第2節　事前学習　34
第3節　実習施設でのオリエンテーション　38

第5章　施設実習前の準備 ……………………………… 43
第1節　健康管理　43
第2節　実習の持参物の確認　44

i

第3節　施設実習に向けての自己学習の確認　45

第4節　実習課題の設定と実習計画の確認　47

コラム2　家族再統合とは　……………………………………………　50

第6章　施設実習の実際　…………………………………　51

第1節　実習の日程（流れ）と日課　51

第2節　実習内容　57

第3節　自分を知るために　59

第7章　実習計画の作成　…………………………………　60

第1節　実習計画とは　60

第2節　実習計画の構成　61

第3節　実習計画の留意点　65

第4節　実習計画案の実際例　67

第8章　実習記録の書き方　………………………………　72

第1節　実習記録の目的　72

第2節　実習記録の内容　74

第3節　実習記録文章の基本　76

第4節　実習記録の実際例　78

第9章　施設実習中のトラブル　…………………………　85

第1節　利用児（者）とのトラブル　85

第2節　利用児（者）とのかかわり方　87

第3節　実習後の利用児（者）及び実習施設とのかかわり方　89

第4節　守秘義務　91

第5節　安全の配慮事項　93

第10章　施設実習後の実際　………………………………　95

第1節　各種書類の提出　95

第2節　礼状の作成　97

第3節　実習記録の反省と評価　100

第4節　実習施設との実習後のかかわり方　102

第11章　施設実習の評価 ・・・・・・・・・・・・・・・・・・・・・・・・・・・・・・・・・・・・・ 104

第1節　評価の意義と目的　104

第2節　評価項目とその内容　105

第3節　実習体験報告会の開催と活用　108

第4節　実習終了後の振り返り　109

コラム3　QOL（quality of life）について ・・・・・・・・・・・・・・・・・・・・・・・・・・ 113

引用・参考文献 ・・・ 114

索引 ・・・ 117

施設実習の手引き

第1章

施設実習の概要

第1節　保育実習の体系

1．保育実習の種別

　保育士資格は，厚生労働大臣の指定する保育士を養成する施設（大学，短期大学，専門学校）で所定の課程・科目を履修し卒業するか，国家試験（年2回実施）に合格することによって取得できる。指定保育士養成施設で資格を取得する場合は，必修科目の中に保育実習が挙げられている（国家試験を受験する場合，保育実習は必須とされていない）。保育実習の目的は，「その習得した教科全体の知識，技能を基礎とし，これらを総合的に実践する応用能力を養うため，児童に対する理解を通じて保育の理論と実践の関係について習熟させること」としている[1]。実習別の実習日数および実習施設は次の通りである（表1-1）。

表1-1　保育実習の概要

実習種別	単位数	実習日数	実習施設*
保育実習Ⅰ（必修科目）	4単位	おおむね20日	(A)
保育実習Ⅱ（選択必修科目）	2単位	おおむね10日	(B)
保育実習Ⅲ（選択必修科目）	2単位	おおむね10日	(C)

　(A) 保育所，幼保連携型認定こども園又は児童福祉法（昭和22年法律第164号，平成28年6月3日最終改正）第6条の3第10項の小規模保育事業（ただし，「家庭的保育事業等の設備及び運営に関する基準」（平成26年厚生労働省令第61号）第3章第2節に規定する小規模保育事業A型及び同基準同章第3節に規定する小規模保育B型に限る）若しくは同条第12項の事業所内保育事業であって同法第34条の15第1項の事業及び同法同条第2項の認可を受けたもの（以下「小規模保育A・B型及び事業所内保育事業」という）及び乳児院，母子生活支援施設，障害児入所施設，児童発達支援センター（児童発達支援及び医療型児童発達支援を行うものに限る），障害者支援施設，指定障害福祉サービス事業所（生活介護，自立訓練，就労移行支援又は就労継続支援を行うものに限る），児童養護施設，情緒障害児

---

[1] 指定保育士養成施設の指定及び運営の基準について（別表2）平成27年3月31日

短期治療施設，児童自立支援施設，児童相談所一時保護施設又は独立行政法人国立重度知的障害者総合施設のぞみの園

（Ｂ）保育所又は幼保連携型認定こども園或いは小規模保育Ａ・Ｂ型及び事業所内保育事業

（Ｃ）児童厚生施設又は児童発達支援センターその他社会福祉関係諸法令の規定に基づき設置されている施設であって保育実習を行う施設として適当と認められるもの（保育所及び幼保連携型認定こども園並びに小規模保育Ａ・Ｂ型及び事業所内保育事業は除く。）

２．保育実習の位置づけ

各保育実習の位置づけは，次の通りである[2]。

１）保育実習Ⅰ
（１）保育所，児童福祉施設等の役割や機能を具体的に理解する。
（２）観察や子どもとのかかわりを通して子どもへの理解を深める。
（３）既習の教科の内容を踏まえ，子どもの保育及び保護者への支援について総合的に学ぶ。
（４）保育の計画，観察，記録及び自己評価等について具体的に理解する。
（５）保育士の業務内容や職業倫理について具体的に学ぶ。

２）保育実習Ⅱ
（１）保育所の役割や機能について具体的な実践を通して理解を深める。
（２）子どもの観察やかかわりの視点を明確にすることを通して保育の理解を深める。
（３）既習の教科や保育実習Ⅰの経験を踏まえ，子どもの保育及び保護者支援について総合的に学ぶ。
（４）保育の計画，実践，観察，記録及び自己評価等について実際に取り組み，理解を深める。
（５）保育士の業務内容や職業倫理について具体的な実践に結びつけて理解する。
（６）保育士としての自己の課題を明確化する。

３）保育実習Ⅲ
（１）児童福祉施設等（保育所以外）の役割や機能について実践を通して，理解を深める。
（２）家庭と地域の生活実態にふれて，児童家庭福祉及び社会的養護に対する理解をもとに，保護者支援，家庭支援のための知識，技術，判断力を養う。
（３）保育士の業務内容や職業倫理について具体的な実践に結びつけて理解する。

2）指定保育士養成施設の指定及び運営の基準について（別添１）平成27年３月31日

（4）保育士としての自己の課題を明確化する。

第2節　施設実習の意義と目的

1．施設実習の意義

　保育士は「保育士の名称を用いて，専門的知識及び技術をもって，児童の保育及び児童の保護者に対する保育に関する指導を行うことを業とする者」と法律に定められている[3]。

　保育所は0歳児から小学校就学前までの児童を対象としているが，児童福祉法では満18歳までを児童と定めており，保育士は乳児・幼児だけでなく，児童全般が対象となるため，児童養護施設をはじめ，母子生活支援施設，児童発達支援施設等，さまざまな福祉施設で実習を行うことが必要となる。そこで，保育実習Ⅰ（おおむね20日間のうちの10日間）および保育実習Ⅲ（おおむね10日間）において施設実習を行うことになっている[4]。

　実習を通して出会うさまざまな利用児（者）とかかわりながら，一人一人のニーズや課題を把握しなければならない。その際，利用児（者）のもつ背景を理解し，福祉従事者として大切な「受容」や「共感」を忘れることなく，適切な援助を行う必要がある。

2．施設実習の目的

　施設実習における目的は，さまざまな福祉施設の役割や利用児（者）について理解を深め，利用児（者）とかかわる技術や能力，他職種との連携を学び，さらには福祉従事者としての資質を高めることである。

　実習先として挙げられている施設には，乳児院をはじめ，母子生活支援施設，障害児入所施設，児童養護施設，情緒障害児短期治療施設，児童自立支援施設，児童相談所一時保護施設等があるが，それぞれの施設は，設置目的や機能はもちろん，利用児（者），配置職種も異なるため，福祉従事者として学ぶべき内容は多く，充分な事前学習を必要とする。

1）施設
　　施設が設置された目的や役割，機能を把握するとともに，物的な環境や利用児（者）の定員数，年齢構成，職員数，職員構成，勤務態勢，他職種連携，地域連携等を理解する。

3）児童福祉法第18条の4
4）指定保育士養成施設の指定及び運営の基準について（別表2）平成27年3月31日

2）利用児（者）

生活の場面を通して，利用児（者）の背景にあるものを理解し，一人一人のニーズを考察するとともに，適切な援助とは何かを理解する。

3）仕事内容

利用児（者）の一人一人がどのように擁護され，職員一人一人が養護をはじめ，療育，治療等にかかわっているのかを，日々の活動を通して理解する。

第3節　施設保育士の職務内容

1．保育所以外の児童福祉施設で働く「施設保育士」

保育士といえば，一般的に，乳幼児の支援を行う保育所勤務の保育士を想像するかもしれないが，実際には，対象とする子どもの年齢幅は広く，職域も多様で広範囲に及ぶ。保育士は，おおむね0歳～18歳までの子どもを対象として，通所あるいは入所による日常の生活支援，自立支援および退所後の支援を行うと同時に，保護者への支援も行う。

2．法律にみる職務内容

さまざまな種別の施設で働く施設保育士の職務には，どのようなことが含まれるのかについて，「児童福祉施設の設備及び運営に関する基準」（昭和23年厚生省令第63号 最終改正 平成28年8月18日厚生労働省令第141号）を手がかりに，いくつかの施設種別における職務内容をみてみる。

1）乳児院

第23条（養育）

「乳児院における養育は，乳幼児の心身及び社会性の健全な発達を促進し，その人格の形成に資することとなるものでなければならない。

2　養育の内容は，乳幼児の年齢及び発達の段階に応じて必要な授乳，食事，排泄，沐浴，入浴，外気浴，睡眠，遊び及び運動のほか，健康状態の把握，第12条第1項に規定する健康診断及び必要に応じ行う感染症等の予防処置を含むものとする。

3　乳児院における家庭環境の調整は，乳幼児の家庭の状況に応じ，親子関係の再構築等が図られるように行わなければならない。」

＜参考＞

第12条（入所した者及び職員の健康診断）

「児童福祉施設（児童厚生施設及び児童家庭支援センターを除く。第4項を除き，以下この条において同じ。）の長は，入所した者に対し，入所時の健康診断，少なくとも1年に2回の定期健康診断及び臨時の健康診断を，学校保健安全法（昭和33年法律第56号，平成27年6月24日最終改正）に規定する健康診断に準じて行わなければならない。」

2）児童養護施設

第44条（養護）

「児童養護施設における養護は，児童に対して安定した生活環境を整えるとともに，生活指導，学習指導，職業指導及び家庭環境の調整を行いつつ児童を養育することにより，児童の心身の健やかな成長とその自立を支援することを目的として行わなければならない。」

第45条（生活指導，学習指導，職業指導及び家庭環境の調整）

「児童養護施設における生活指導は，児童の自主性を尊重しつつ，基本的生活習慣を確立するとともに豊かな人間性及び社会性を養い，かつ，将来自立した生活を営むために必要な知識及び経験を得ることができるように行わなければならない。

2　児童養護施設における学習指導は，児童がその適性，能力等に応じた学習を行うことができるよう，適切な相談，助言，情報の提供等の支援により行わなければならない。

3　児童養護施設における職業指導は，勤労の基礎的な能力及び態度を育てるとともに，児童がその適性，能力等に応じた職業選択を行うことができるよう，適切な相談，助言，情報の提供等及び必要に応じ行う実習，講習等の支援により行わなければならない。

4　児童養護施設における家庭環境の調整は，児童の家庭の状況に応じ，親子関係の再構築等が図られるように行わなければならない。」

3）母子生活支援施設

第29条（生活支援）

「母子生活支援施設における生活支援は，母子を共に入所させる施設の特性を生かしつつ，親子関係の再構築等及び退所後の生活の安定が図られるよう，個々の母子の家庭生活及び稼働の状況に応じ，就労，家庭生活及び児童の養育に関する相談，助言及び指導並びに関係機関との連絡調整を行う等の支援により，その自立の促進を目的とし，かつ，その私生活を尊重して行わなければならない。」

４）情緒障害児短期治療施設

第75条（心理療法，生活指導及び家庭環境の調整）

「情緒障害児短期治療施設における心理療法及び生活指導は，児童の社会的適応能力の回復を図り，児童が，当該情緒障害児短期治療施設を退所した後，健全な社会生活を営むことができるようにすることを目的として行わなければならない。

2　情緒障害児短期治療施設における家庭環境の調整は，児童の保護者に児童の状態及び能力を説明するとともに，児童の家庭の状況に応じ，親子関係の再構築等が図られるように行わなければならない。」

　「児童福祉施設の設備及び運営に関する基準」は，第１章総則の（趣旨）の第２条に明記されているように，「児童福祉施設に入所している者が，明るくて，衛生的な環境において，素養があり，かつ，適切な訓練を受けた職員（児童福祉施設の長を含む。以下同じ。）の指導により，心身ともに健やかにして，社会に適応するように育成されることを保障する」ための最低限の基準として定められている[5]。よって，施設長をはじめ，施設で働く職員には，この基準を超えて設備・環境を整えることが求められる。

　上記では４つの施設についてとりあげているが，共通する内容として，生活支援を通して，子ども達の健やかな成長・発達をうながし，これからの将来を生きていく力を養うと同時に，親子関係の再構築，家庭環境の調整を行うことが主な職務内容となる。

　生活支援とは，たとえば，規則正しい生活を通して生活のリズムを形成したり，集団生活のなかで規則を守ることを学んだり，学習を通して興味関心を深め，新たなことにチャレンジをしたり，遊びや余暇の時間を通じて子ども同士の関係性を育み協調性や社会性を養う等，子ども達が基本的な生活習慣を獲得しながら，退所した後も自立した生活を送ることができるように支援する。

　支援においては，「社会的養護の課題と将来像（平成23年７月）」[6]に基づき，「子どもの最善の利益の尊重」，「社会全体で子どもを育む」という基本理念を大切にしながら，「児童養護施設運営指針（平成24年３月）」の６つの原則を念頭に置く必要がある。

（1）家庭的養護と個別化

　　すべての子どもは，適切な養育環境で，安心して自分をゆだねられる養育者によって養育されるべき。「あたりまえの生活」を保障していくことが重要。

5）「入所している者」として，入所児童を対象に記述しているが，児童発達支援センターをはじめとして，通所による支援を行っている施設もあることに留意すること。合わせて，「児童福祉法に基づく指定通所支援の事業等の人員，設備及び運営に関する基準（平成24年厚生労働省令第15号）」にも目を通しておくこと。

6）巻末引用・参考文献参照

（2）発達の保障と自立支援

　　未来の人生を作り出す基礎となるよう，子ども期の健全な心身の発達の保障を目指す。愛着関係や基本的な信頼関係の形成が重要。自立した社会生活に必要な基礎的な力を形成していく。

（3）回復をめざした支援

　　虐待や分離体験等による悪影響からの癒しや回復をめざした専門的ケアや心理的ケアが必要。安心感を持てる場所で，大切にされる体験を積み重ね，信頼関係や自己肯定感（自尊心）を取り戻す。

（4）家族との連携・協働

　　親と共に，親を支えながら，あるいは親に代わって，子どもの発達や養育を保障していく取り組み。

（5）継続的支援と連携アプローチ

　　アフターケアまでの継続した支援と，できる限り特定の養育者による一貫性のある養育。様々な社会的養護の担い手の連携により，トータルなプロセスを確保する。

（6）ライフサイクルを見通した支援

　　入所や委託を終えた後も長くかかわりを持ち続ける。虐待や貧困の世代間連鎖を断ち切っていけるような支援。

第4節　施設保育士の資質と倫理

　施設保育士に限らず，対人援助にかかわる専門職には，専門的な知識や技術とともに，豊かな人間性や包容力等の資質，人権感覚に根ざした子ども観，保育観，福祉観，専門職としての倫理観が求められる。特に，対人援助においては，子どもや家庭に関する個人情報等を日々の保育を通して，また相談という形で知り得る立場にあり，プライバシーにふれる機会が多い。保育を通してかかわる子どもや保護者の生命や暮らし，ひいては生涯にわたる影響を自らが及ぼす存在であること，自分の言動がともに働く職員や他職種に影響を及ぼすという立場にあることを十分に理解し，日々の実践に従事する必要がある。そのため，自らがいかに行動すべきかの拠り所を持つことが重要となる。その拠り所を示したものが，倫理綱領である。

　一般的に，専門職は職能団体をつくり，独自の倫理綱領を定めている。倫理綱領の実現のために，日々，努力を積み重ねると同時に，倫理綱領に反する行いを自らが律するのみならず，一緒に働く保育士同士，また，別の場所で働く保育士とともに専門職とし

ての責任と誇りを守り続けなければならない。

　全国保育士会では，「全国保育士会倫理綱領」を策定し，全国保育協議会協議員総会（2003（平成15）年3月4日）および全国保育士会委員総会（2003（平成15）年2月26日）において，それぞれ採択されている（柏女霊峰 2009）。全国保育士会倫理綱領は，前文と8か条からなっている。

全国保育士会倫理綱領

　すべての子どもは，豊かな愛情のなかで心身ともに健やかに育てられ，自ら伸びていく無限の可能性を持っています。

　私たちは，子どもが現在（いま）を幸せに生活し，未来（あす）を生きる力を育てる保育の仕事に誇りと責任をもって，自らの人間性と専門性の向上に努め，一人ひとりの子どもを心から尊重し，次のことを行います。

　　　　　　　私たちは，子どもの育ちを支えます。
　　　　　　　私たちは，保護者の子育てを支えます。
　　　　　　　私たちは，子どもと子育てにやさしい社会をつくります。

（子どもの最善の利益の尊重）

1．私たちは，一人ひとりの子どもの最善の利益を第一に考え，保育を通してその福祉を積極的に増進するよう努めます。

（子どもの発達保障）

2．私たちは，養護と教育が一体となった保育を通して，一人ひとりの子どもが心身ともに健康，安全で情緒の安定した生活ができる環境を用意し，生きる喜びと力を育むことを基本として，その健やかな育ちを支えます。

（保護者との協力）

3．私たちは，子どもと保護者のおかれた状況や意向を受けとめ，保護者とより良い協力関係を築きながら，子どもの育ちや子育てを支えます。

（プライバシーの保護）

4．私たちは，一人ひとりのプライバシーを保護するため，保育を通して知り得た個人の情報や秘密を守ります。

（チームワークと自己評価）

5．私たちは，職場におけるチームワークや，関係する他の専門機関との連携を大切にします。また，自らの行う保育について，常に子どもの視点に立って自己評価を行い，保育の質の向上を図ります。

（利用者の代弁）

6．私たちは，日々の保育や子育て支援の活動を通して子どものニーズを受けとめ，子どもの立場に立ってそれを代弁します。

　また，子育てをしているすべての保護者のニーズを受けとめ，それを代弁していくことも重要な役割と考え，行動します。

（地域の子育て支援）
7．私たちは，地域の人々や関係機関とともに子育てを支援し，そのネットワークにより，地域で子どもを育てる環境づくりに努めます。
（専門職としての責務）
8．私たちは，研修や自己研鑽を通して，常に自らの人間性と専門性の向上に努め，専門職としての責務を果たします。

社会福祉法人　全国社会福祉協議会
全国保育協議会
全国保育士会

　特に重要な理念は，「子どもの最善の利益の尊重」である。「子どもの最善の利益」という言葉は，1959（昭和34年）年11月20日に国際連合第14回総会にて採択された「児童の権利に関する宣言（児童権利宣言）」の第2条と第7条に登場する。その後，国際連合は，「児童の権利に関する宣言」の採択20周年を記念して，また，「児童の権利」という理念を浸透させるために，1979（昭和54）年を「国際児童年」と定め，世界各国でさまざまな取り組みがなされることを促した。しかし，「児童の権利に関する宣言」は，あくまでも「宣言」であり，法的な効力および拘束力をもたないことから，実効性のあるものにするべく，国際連合は，国際条約という形で「児童の権利」を保障していくことを企図した。その結果，1989（平成元）年11月20日の国際連合第44回総会において，「児童の権利に関する条約（子どもの権利条約）」が採択されるに至った。

　「子どもの最善の利益の尊重」とは，子どもに関することで判断しなければならない際の拠り所となる概念であり，子どもにとって最も良い状況になることを最優先として選択する責務が私達にあることを意味している。先にふれた「児童の権利に関する宣言」においても，「児童の権利に関する条約」においても，何が，「子どもの最善の利益」に該当するのかという中身についての明確な規定はない。よって，保育士が，子どもとかかわるなかで，臨機応変に判断し，対応することが求められていると言える。

　そのため，留意しなければならないのは，保育士が「この子のため」と思い行った判断が，本当に，その子どものためになるのかどうかを吟味することである。その判断に影響を与えるのが，保育士としての資質であり倫理である。常日頃から，倫理綱領に目を通し，その意味を考え実践することを心がけるとともに，哲学や福祉に関する書物にふれたり，他者とコミュニケーションすることを通して，人権について考える時間を大切にして欲しい。

第2章

児童福祉施設の理解と概要

第1節　施設利用児（者）の現状と課題

1．児童福祉施設の類型

　児童福祉施設とは，文字通り，児童の福祉にかかわる事業を行う施設の総称で，親や子どものニーズに応じて，施設種別が児童福祉法第7条で規定されている[1]。これらの施設は，設置目的や利用児（者）の生活形態によって次のように分類できる。

1）設置目的別

　設置目的によって分けると，「養育環境に問題がある子ども達の保護，養護，自立支援を行うための施設」（乳児院，児童養護施設，母子生活支援施設），「情緒・行動に課題のある子ども達への治療的なかかわりを行うための施設」（情緒障害児短期治療施設，児童自立支援施設），「障害児の療育を行うための施設」（障害児施設等），「子どもの健全育成をめざすための施設」（児童館・児童家庭支援センター）の大きく4つに分けることができる。

2）生活形態別

　利用児（者）の生活形態によって分けると，「入所型施設」と，1日のうちの一定時間通所する，あるいは利用する「通所・利用型施設」の大きく2つに分けることができる。

3）利用方式別

　利用方式によって分けると，「行政の措置による施設」（乳児院，児童養護施設，児童自立支援施設），「行政との契約による利用施設」（保育所，母子生活支援施設，助産施設），「施設との契約による利用施設」（障害児入所施設，児童発達支援センター），「直接利用施設」（児童館，児童家庭支援センター[2]）という4つに区分される。

2．施設利用児（者）の生活と課題

　いずれの施設種別であっても，入所施設の場合，子ども達にとって施設は生活を営む場である。子ども達の年齢も，乳幼児から少年（小学校就学の始期から満18歳に達するまでの者）まで幅広く，また，児童福祉施設に多くの種別があることからもわかるように，

1）児童福祉法第7条（各施設の目的は児童福祉法第36条～第44条の2による）
2）これらの施設のなかには，措置制度が残っている施設がある。

子どもを取り巻く問題も多岐にわたっている。

　施設での生活が家庭での生活と大きく違うところは，まだ成長過程にある子ども達でありながら，集団での生活を送っていることである。集団生活であるがゆえに，起床，洗面，食事，清掃，学習，入浴，就寝等，家庭では当たり前の活動が，子どもが守るべき日課として設定されている。近年小規模グループケアやグループホーム等小規模化，小集団化が進んでいるとはいえ，実際には大規模な形態をとっているところが多いため，集団生活を維持していくことが優先され，個別的なかかわりが少なくなる傾向がある。

第2節　施設利用児（者）へのかかわり方

1．施設での保育士の役割

　表2-1の施設別入所理由を見ると，種別によって多少ばらつきはあるが，放任・母親の精神疾患・虐待・母親の行方不明等がいずれの施設でも上位にあがっている。

表2-1　施設別入所理由

施設種別	乳児院	児童養護施設	情短治療施設	児童自立支援施設
内容	①　母親の精神疾患 ②　放任 ③　両親の未婚 ④　養育拒否 ⑤　母親の就労	①　放任 ②　母親の精神疾患 ③　母親の虐待 ④　経済的理由 ⑤　母親の行方不明	①　母親の虐待 ②　放任 ③　母親の精神疾患 ④　父親の虐待 ⑤　子どもの問題による養育困難	①　放任 ②　父母の離婚 ③　父親の虐待 ④　母親の精神疾患 ⑤　母親の虐待

出典：厚生労働省「児童養護施設入所児童等調査」（2015（平成27）年）をもとに筆者が作成

　これらのデータから，施設を利用する子ども達は，入所前に家庭内で適切な養育を受けられていないことが多いこと，保護者もまた，多くの場合，精神的な疾患や貧困等，複合的な要因によって生活上の困難を抱えていることがうかがえる。施設での養護は，子どもや保護者が，どのような生活を送り，どのようなニーズを持って入所に至ったのかを理解することから始まる。その上で，子どもの発達段階やライフステージ，個性等に応じた「自立支援」を，日常の何気ない生活での温かなかかわりを通して行う必要がある。

2．援助の内容

　いずれの施設養護においても，日常的な目標となるのは，基本的な生活習慣の確立で

あろう。乳幼児や障害児の施設では，食事・排泄・衣服の着脱，入浴等の場面で一人一人の自立を見据えた支援を行うことが中心となる。養護系の施設では，将来の自立生活を見据え，食事作り・洗濯や衣服の管理・掃除や整理整頓等，生活を支えるスキルの獲得ができるよう援助する必要がある。

　これらの基本的なことに加えて，とりわけ配慮すべきことは，「不適切な養育」状況で育った子ども達のなかには，「試し行動」や攻撃性の表出等，さまざまな課題や困難を抱える子どもが多いことから，回復に向けたさまざまなケアを行っていく必要がある。

　施設現場では，保育士，児童指導員，看護師，心理療法士，作業療法士，理学療法士等の直接的援助者の他に，栄養士，調理員，事務員等の間接的な援助者が配置されている。子ども達に一貫した継続性のある支援を行うためには，こうした多様な職種の職員がお互いの役割を認識しつつ，チームとして力を発揮することが求められる。

第3節　施設の種類と特徴及び利用児（者）理解

1．児童養護施設
1）概要
　児童養護施設は，児童福祉法（第41条）において，「保護者のない児童（乳児を除く。ただし，安定した生活環境の確保そのほかの理由により特に必要のある場合には，乳児を含む。以下，この条において同じ），虐待されている児童その他環境上養護を要する児童を入所させて，これを養護し，あわせて退所した者に対する相談その他の自立のための援助を行うことを目的とする施設とする」と規定している。

　対象となる児童は，満1歳から満18歳に達するまでの児童である。ただし，20歳まで措置を延長することができる。

　入所理由は，厚生労働省の「児童養護施設入所児調査」結果（2015（平成27）年1月）によると，「母の放任・怠だ」，「父の放任・怠だ」，「父母の虐待・酷使」，「棄児」等で，概ね38％が保護者から虐待を受けて保護された児童である。また，発達障害や知的障害等，心身への障害のある児童が28.5％入所している。

2）支援の基本
　保護者から虐待を受けて入所する児童が多くなったことから，児童の背景を十分に把握した上で，安心・安全を保障した中で家庭に代わる養護環境を整えるとともに，心に傷を受け，また発達障害等の何らかの障害のある児童がいることから，心のケアや教育の保障も含めて養育を行っていく必要がある。また，家族再統合に向けて児童の自立支

援や家庭環境の調整をも丁寧に行うことも重要である。

　実習における入所児への支援のねらいは,「児童養護施設運営指針」(平成24年3月29日)に基づき,次のことが考えられる。

①被虐待体験や分離体験等,児童が抱える苦痛や怒りを理解し,児童の存在そのものを認め,児童が表出する感情や言動をしっかり受け止め,児童を理解することで,児童が良好な人間関係を築き,他者との基本的な信頼感を獲得できるようにする。

②日常生活の中で衣食住が保障され,清潔な衣服の着用,温かい食事が食べられる,安心して就寝できる等,当たり前の日常生活を保障し,周囲の大人等から大切にされていることを体験させる。

③児童の力を信じて失敗を見守り,時には褒めるという姿勢を大切にし,児童が自ら判断し行動することを体験し,主体的に解決していくプロセスを通して,対処能力や自己肯定感を形成することを助ける。

④秩序ある集団生活を通して,社会常識及び社会規範,様々な生活技術が習得できるようにする。

3）施設の形態

　児童の心身の健やかな成長・発達や児童の生きづらさからの克服に向けて支え続けていくことが求められる。そこでは,家庭的な養育環境の中で,養育者が個別的な関係を持ちながら,信頼関係を構築するとともに,家庭の温かみを実感できる生活環境が必要である。そうした生活環境の中で,将来に向かって児童の人生に豊かさを育んでいくのである。

　このため,児童養護施設は20人以上が大きな建物で生活する大舎制から,12人以内の建物で生活する小舎制,また本体施設の近くに家屋を借りて児童6人と専任職員が家庭に近い生活をしていく地域小規模児童養護施設(グループホーム)等の小規模化傾向にある。

4）職員配置

　施設長,嘱託医,児童指導員,保育士,個別対応職員,家庭支援専門相談員,栄養士,調理員,看護師(乳児が入所の場合),心理療法担当職員(対象10名以上),職業指導員(職業指導実施の場合)が配置されている。

２．乳児院

１）概要

　乳児院は，児童福祉法第37条において，「乳児（保健上，安定した生活環境の確保その他の理由により特に必要のある場合には幼児を含む）を入院させて，これを養育し，あわせて退院した者について相談その他の援助を行うことを目的とする施設とする」と規定している。

　入所理由は，厚生労働省の「児童養護施設入所児調査」結果（2015（平成27）年１月）によると，「父母の精神疾患」，「父母の虐待・酷使」，「父母の放任・怠だ」，「棄児」等が概ね半数を占めている。また児童養護施設と同様に虚弱児や障害児が多く入所している。

２）支援の基本

　乳幼児は親との安定した関係の中で，愛着関係を形成し，対人関係の礎を築くとともに，心身の発達を促進していくことが重要である。この段階で親子分離させられることは，こうした重要な発達課題を十分に達成できないことにつながり，乳幼児の健全な発達に大きな支障を引き起こすことが考えられる。

　このため，施設職員は乳児期の発達特性や一人一人の発達の状態を理解し，医療や保健と連携して健康面に留意しながら，きめ細やかな発達支援を行う必要がある。また，家庭復帰を念頭において，乳幼児の家庭の状況に応じた親子関係の再構築に努める。

　実習における留意点としては，「児童福祉施設の設備及び運営に関する基準」第23条では，「乳児院における養育は，乳幼児の心身及び社会性の健全な発達を促進し，その人格の形成に資することとなるものでなければならない」，「養育の内容は，乳幼児の年齢及び発達の段階に応じて必要な授乳，食事，排泄，沐浴，入浴，外気浴，睡眠，遊び及び運動のほか，健康状態の把握，第12条第１項において，健康診断及び必要に応じ行う感染症等の予防処置を含むものとする」とある。

　つまり，愛着関係の形成に努めながら，定期的に行う授乳，食事，おむつ交換，入浴，外気浴及び安静，定期的な身体測定，健康診断，感染症の予防に向けた対応についても考慮してかかわることが必要である。

３）施設の形態

　乳児期の発達特性を考えると，交代制勤務による養育は，乳児の心身の発達に影響を及ぼしかねないことから，養育単位を小規模化し，特定の養育者と安定した環境の中で養育されることが重要である。このため，乳児院の施設規模は定員30名相当であり，小

規模な施設が多いといえる。

4）職員配置

施設長，医師（嘱託医），看護師（保育士の代替可），個別対応職員，家庭支援専門相談員，栄養士，調理員，心理療法担当職員（対象10名以上）が配置されている。

3．母子生活支援施設
1）概要

母子生活支援施設は，児童福祉法第38条において，「配偶者のいない女子又はこれに準ずる事情にある女子又はその者の看護すべき児童を入所させ，これらのものを保護するとともに，これらの者の自立の促進のためにその生活を支援し，あわせて退所した者について相談その他の援助を行うことを目的とする施設である」と規定している。

つまり，18歳未満の児童を養育している母子家庭，または何らかの事情で離婚の届出ができない等，母子家庭に準じる家庭の女性が，児童と一緒に入所し，日常生活をしながら，自立に向けて支援を受ける施設である。なお，特別な事情がある場合，例外的に入所中の児童が満20歳になるまで利用が可能である。

利用者の入所理由は，平成24年度全国母子生活支援施設実態調査／全国母子生活支援施設協議会によると，「夫等の暴力」が55.5％となり，次いで「住宅事情」18.3％，「経済事情」10.4％と続き，「暴力や貧困」による理由等で8割以上を占めている。

2）支援の基本

「児童福祉施設の設備及び運営に関する基準」第29条では，「母子生活支援施設における生活支援は，母子を共に入所させる施設の特性を生かしつつ，親子関係の再構築等及び退所後の生活の安定が図られるよう，個々の母子の家庭生活及び稼働の状況に応じ，就労，家庭生活及び児童の養育に関する相談，助言及び指導並びに関係機関との連絡調整を行う等の支援により，その自立の促進を目的とし，かつ，その私生活を尊重して行わなければならない」とある。

最近の主な入所理由が暴力や貧困等であることから，安心・安全が保障された生活を提供するとともに，母子ともに心に傷を受けていることが考えられるため，支援を基本として，傾聴・受容・共感に努めながら，生活の自立に向けた就労支援も必要になる。

3）施設の形態

1997（平成9）年の児童福祉法の改正により，「母子寮」から「母子生活支援施設」

へと名称が変更された。施設は，母子が共に生活できるよう，それぞれの家庭が独立した居室形態となっている。また，子どもの保育を行っている。

4）職員配置

母子の生活を支援する母子生活支援員，嘱託医，少年を指導する指導員，調理員，心理療法担当職員（対象10名以上），個別対応職員（ＤＶを受けたこと等により個別に特別な支援を行う必要がある場合）が配置されている。

4．情緒障害児短期治療施設
1）概要

情緒障害児短期治療施設は，児童福祉法第43条の5において，「軽度の情緒障害を有する児童を，短期間，入所させ，又は保護者のもとから通わせて，その情緒障害を治し，あわせて退所したものについて相談その他の援助を行うことを目的とする施設とする」と規定している。

当該施設はこれまで不登校，家庭内暴力，被虐待児の心理的不調，発達障害を背景にした問題等，社会的ニーズに呼応した児童の心の問題の治療に先駆的に取り組んできている。

児童虐待への取り組みが始まると，心のケアの必要性から被虐待児の入所が増え，厚生労働省の「児童養護施設入所児童調査」結果（2015（平成27）年1月）によると，入所児の71.2％が虐待を受けている。また，昨今，注目される発達障害が疑われる児童の入所も増えて，29.7％が広汎性発達障害を疑われる児童となっている。

このような状況から，心のケア，生活支援，学習支援，家族再統合に向けた家族支援が必要であり，家庭や学校との連携が重要である。学校教育に関しては，施設内に小中学校の分校や分級が設置されている施設もある。

入所期間は，「情緒障害児短期治療施設運営指針」（平成24年3月29日）によると平均で2.5年であり，退所後の行先は，家庭復帰又は児童養護施設等に措置変更となっている。なお，退所後も通所する児童もいる。

2）支援の基本

「情緒障害児短期治療施設運営指針」によると，入所児は心理的困難を抱え生きづらさを感じていることから，生きやすさを感じられる生活の場を提供することから始まる。

そのため，安全な環境を整え，一人一人の児童に適した生活と個別の支援が必要である。しかし，不眠やパニック等，心身に症状を呈した場合は，精神科治療や心理療法を

行う。徐々に児童の社会適応力の回復を図り，児童が施設を退所した後，健全な社会生活を営むことができるように心理療法による心のケアや生活指導を行う。

このように福祉，医療，心理，教育の協働による日常生活，学校生活，個人心理療法，集団心理療法，家族支援，施設外での社会体験等を有機的に結び付けた総合的な支援が必要である。

保育士は，当該施設に入所する児童の大半が虐待を受けていることから，愛着障害や自己肯定感の欠如等が認められるため，安心・安全が保障された生活環境を提供し，愛情をもって児童の気持ちに寄り添う等，心理面に配慮して日常生活の中で，対人関係の持ち方を学び，自信を取り戻して主体性を身につけられるように，個別的なかかわりから徐々に集団生活の中で支援を行うように心掛ける必要がある。

3）職員配置

精神科または小児科の経験のある医師，心理療法担当職員，児童指導員，保育士，看護師，個別対応職員，家庭支援専門相談員，栄養士，調理員が配置されている。

5．児童自立支援施設
1）概要

児童自立支援施設は，児童福祉法第44条において，「不良行為をなし，又はなすおそれのある児童及び家庭環境その他の環境上の理由により生活指導等を要する児童を入所又は通所させて，個々の児童の状況に応じて必要な指導を行い，その自立を支援し，あわせて退所者について相談等の援助を行うことを目的とする施設とする」と規定している。

入所する大半の児童は，窃盗，家出，退学等の不良行為や又は不良行為をなすおそれのある児童である。こうした非行の背景には，両親の不仲等，多くの問題を抱えている家庭，不安定な親子関係，保護者等からの虐待による不適切な養育等，安定した親子関係の中で愛情をもって躾や規範意識を十分に教えられないまま育ってきたことが考えられる。また，発達障害から集団生活に馴染めず不適応に陥り，二次障害から非行に走る児童もいる。

入所する児童の年齢は，18歳に至るまでの児童を対象としており，必要がある場合は20歳に達するまでの措置延長をとることができる。なお，年齢からみた入所の割合は，12歳から15歳の中学生が多い。

2）支援の基本

「児童自立支援施設運営指針」（平成24年3月29日）等によると，安定した生活環境を

整えるとともに，個々の児童について適性や能力，家庭の状況等を総合的に評価して児童の主体性を尊重しながら，居場所の確保，褒めて自尊感情を育てる，規範意識の構築，安定した親子関係の再構築等の支援を行う必要がある。

　具体的な支援は，次のとおりである。

①生活指導は，児童の自主性の尊重，基本的生活習慣の確立，豊かな人間性・社会性の形成，将来の自立生活のための必要な知識経験の獲得ができるように行う。

②学科指導は，学校教育法の規定による学習指導要領を準用して行う。学力の低下から学校不適応を呈して非行に走る児童も多く，学力の補充を図る必要がある。

③農作業や職業指導は，勤労の基礎的な能力や態度を育成し，自立を促しながら将来の職業選択に向けて支援を行う。

3）施設の形態

　以前は職員による小舎夫婦制で家庭的な生活体験の中で支援を行ってきたが，最近では小舎夫婦制から交代制勤務に移行してきている。

　学校教育が取り入れられ，児童は施設内にある分級や分校に通学している。

4）職員配置

　児童自立支援専門員，児童生活支援員，嘱託医，精神科診療経験のある医師又は嘱託医，個別対応職員，家庭支援専門相談員，栄養士，調理員，心理療法担当職員（対象10名以上），職業指導員（職業指導実施の場合）が配置されている。

6．障害児入所施設

　障害児入所施設は，児童福祉法第42条において，「障害児入所施設は，次の各号に掲げる区分に応じ，障害児を入所させて，当該各号に定める支援を行うことを目的とする施設とする」と規定している。

　障害児入所施設は，福祉型障害児入所施設と医療型障害児入所施設に分けられる。

1）福祉型障害児入所施設
（1）概要

　福祉型の対象となる児童は，身体に障害のある児童，知的障害のある児童又は精神に障害のある児童（発達障害児を含む）である。

　福祉型障害児入所施設の目的は，当該児童の保護，日常生活の指導及び独立自活に必要な知識技能の付与を行うことである。また，その家族に対して，相談に適切に応じ，

必要な助言，その他の援助を行う。

　入所の手続きは，児童相談所，市町村保健センター，医師等により療育の必要性が認められた児童であって，必ずしも療育手帳等の各種手帳の有無は問わない。なお，児童福祉施設のため，18歳未満が入所の対象となるが，平成24年4月1日改正の児童福祉法では重度から最重度知的障害児は20歳を超えても在所延期が認められていたため，現在も経過措置として20歳以上の知的障害者が入所しているのが実態である。

（2）基本的な支援

　支援としては，次のとおりである。

　　①食事，排泄，入浴等の介護
　　②日常生活上の相談支援，助言
　　③身体能力，日常生活能力の維持・向上のための訓練
　　④レクリエーション活動等の社会参加活動支援
　　⑤コミュニケーション支援

（3）職員配置

　主として知的障害児を除く児童を入所させる施設では，嘱託医，児童指導員，保育士，栄養士，調理員，児童発達支援管理責任者が配置されている。

　また，知的障害児を入所させる施設では，精神科又は小児科の診療に相当の経験を有する嘱託医が配置されている。

　自閉症スペクトラム児を入所させている施設では，児童を対象とする精神科の診療に相当の経験を有する医師及び看護師を置かなければならない。

　主として盲ろうあ児を入所させる施設では，眼科又は耳鼻咽喉科の診療に相当の経験を有する医師でなければならない。

　主として肢体不自由児を入所させる施設では，看護師を配置しなければならない。

　心理指導を行う必要があると認められる児童5人以上に心理指導を行う場合には心理指導担当職員，職業指導を行う場合には職業指導員を置かなければならない。

2）医療型障害児入所施設

（1）概要

　医療型の対象となる児童は，知的障害児（自閉症スペクトラム児），肢体不自由児，重症心身障害児（者）である。

　入所の手続きは，児童相談所，市町村保健センター，医師等により療育の必要性が認められた児童であって，必ずしも療育手帳等の各種手帳の有無は問わない。

　施設の目的は，治療を含めた，保護，日常生活の指導，独立自活に必要な知識や技能

の付与を行うことにある。

（2）基本的な支援

支援としては，次のとおりである。

①疾病の治療・看護等の医療行為

②日常生活能力の維持・向上のための訓練

③レクリエーション活動等の社会参加活動

④コミュニケーション支援

⑤日常生活上の相談支援，助言等

⑥医学的管理下のもとでの食事・排泄・入浴等の介護

⑦独立自活に必要な知識や技能の付与

⑧保護　等

なお，重症心身障害児（者）の場合には，誤嚥による肺炎，移動の際の骨折，てんかんを合併している児童もいる。

保育士は医師や看護師等，医療関係職員から助言を受けながら，生活面の介助，レクレーション活動等を通してQOLの維持・向上や情緒の安定を図る役割がある。

（3）職員配置

重症心身障害児（者）が入所している施設では，医療法に規定する病院に必要な職員（施設長，医師は内科，精神科，小児科，外科，整形外科・リハビリテーション科等の診療経験のある者），児童指導員，保育士，理学療法士又は作業療法士が配置されている。

７．児童発達支援センター

児童発達支援センターは，児童福祉法第43条において，「児童発達支援センターは，次の各号に掲げる区分に応じ，障害児を日々保護者の下から通わせて，当該各号に定める支援を目的とする施設とする」と規定している。

障害児に対する通所施設は，平成24年の児童福祉法の改正以前，障害種別ごとに分かれていたが，複数の障害に対応できるよう平成24年度から一元化が図られ，障害種別ではなく福祉サービスを行う「福祉型」と，福祉サービスに併せて治療を行う「医療型」に分けられた。ただし，これまでと同様に障害種別に応じたサービス提供も認められている。

１）福祉型児童発達支援センター
（1）概要

福祉型児童発達支援センターでは，知的障害児等が在宅生活をしながら，通所により

日常生活における基本的動作の指導，独立自活に必要な知識技能の付与又は集団生活への適応のための訓練を行っている。

　対象児童は，身体障害のある児童，知的障害のある児童，又は発達障害を含む精神に障害のある児童である。

（2）職員配置

　（旧）知的障害児通園施設では，児童発達支援管理責任者，児童指導員，保育士，栄養士，調理員，嘱託医が配置されている。

2）医療型児童発達支援センター

（1）概要

　医療型児童発達支援センターでは，上下肢又は体幹に機能障害のある肢体不自由児や重症心身障害児（者）を対象にして，日常生活における基本的動作の指導，独立自活に必要な知識技能の付与又は集団生活への適応のための訓練及び治療を行っている。

　入所に際しては，児童相談所，市町村保健センター，医師等により療育の必要性が認められた児童であって，療育手帳等の有無は問わない。

（2）職員配置

　（旧）肢体不自由児通園施設では，児童発達支援管理責任者，児童指導員，保育士，看護師，理学療法士又は作業療法士，医療法に規定する診療所として必要な職員が配置されている。

8．児童厚生施設

　児童厚生施設は，児童福祉法第40条において，「児童遊園，児童館等児童に健全な遊びを与えて，その健康を増進し，又は情操をゆたかにすることを目的とする施設とする」と規定している。なお，「児童福祉施設の設備及び運営に関する基準」第49条において，児童厚生施設の設備の基準を次のとおり定めている。

①屋外の児童厚生施設は，広場，遊具及び便所を設けること。

②屋内の児童厚生施設は，集会室，遊戯室，図書室及び便所を設けること。

1）児童遊園

（1）概要

　児童遊園は，地域の児童を対象として，児童に健全な遊び場所を提供する屋外型の施設である。遊びを通じての集団的・個別的指導を行い，健康の増進，自主性，社会性，創造力を高め，情操を豊かにするとともに，母親クラブ等の地域組織活動を育成助長す

る拠点としての機能を有している。

（2）職員配置

児童福祉施設の職員を養成する学校等を卒業した者，保育士，幼稚園等の教諭となる資格を有する者，社会福祉学，心理学，教育学，社会学，芸術学若しくは体育学等の課程を卒業した者が配置されている。

2）児童館

（1）概要

児童館は，児童達に遊びを保障する屋内型の福祉施設であり，活動は地域児童の健全な発達を支援するための屋内外の地域活動をはじめ，遠隔地でのキャンプ等の活動を含んでいる。

児童館は，児童一人一人の状態を観察し，個々のペースに応じて自立に向けて支援する。

子育て家庭の児童達が安定した放課後を過ごせるように，登録制で毎日学校から直接来館する放課後児童クラブや，育児不安に陥りがちな子育て中の母親を支援する午前中の幼児クラブ活動等は，親への支援活動にもなっている。

なお，児童館は次の3つの種類がある。

①小型児童館

小型児童館は，小地域を対象として，児童に健全な遊びを与え，その健康を増進し，情操を豊かにするとともに，母親クラブ，児童会等地域組織活動の育成助長を図る等児童の健全育成に関する総合的な機能を有する施設である。

②児童センター

児童センターは，小型児童館の機能に加えて，遊び（運動を主とする）を通じての体力増進を図ることを目的とする事業・設備のある施設である。

また，大型児童センターでは，中学生，高校生等の年長児童に対しての育成支援も行っている。

③大型児童館

大型児童館は，原則として，都道府県内や広域の児童達を対象とした活動を行っている。大型児童館はさらに3つに区分されている。

イ　A型児童館

都道府県内の小型児童館，児童センターの指導や連絡調整等の中枢的な役割を果たしている。

ロ　B型児童館

豊かな自然環境に恵まれた地域内に設置され，児童が宿泊をしながら，自然を生かした遊びを通じた健全育成活動を行う。

ハ　C型児童館

児童館全ての機能に加えて，芸術，体育，科学等の総合的な活動を行う。

（2）職員配置

児童館は，児童一人一人の状態を観察し，個々のペースに応じて自立していくことができるよう，児童厚生員が配置されている。

第3章

障害者支援施設の理解と概要

第1節　障害者支援施設等の概要

1．施設実習の対象となる障害者施設・障害福祉サービスの概要

　指定保育士養成施設の指定及び運営の基準によれば，保育実習（施設実習）で対象となる障害福祉分野の施設は，障害者支援施設及び指定障害福祉サービス事業所（生活介護，自立訓練，就労移行支援又は就労継続支援を行うものに限る），国立重度知的障害者総合施設である。いずれも18歳以上の障害者が対象である。

　障害者支援施設は，障害者総合支援法「障害者の日常生活及び社会生活を総合的に支援するための法律」（平成17年法律第123号，平成28年6月3日最終改正）第5条11において「障害者につき，施設入所支援を行うとともに，施設入所支援以外の障害福祉サービスを行う施設」として規定されている。

　また，同法第5条1に規定される「障害福祉サービス」には，居宅介護，重度訪問介護，同行援護，行動援護，療養介護，生活介護，短期入所，重度障害者等包括支援，施設入所支援，自立訓練，就労移行支援，就労継続支援及び共同生活援助がある。

表3-1　保育実習（施設実習）の対象となる施設及び福祉サービスの概要

種　　別	内　　容
障害者支援施設	夜間における入所支援の他，日中活動支援を含む生活介護等の福祉サービスを行っている。
指定障害福祉サービス事業所	生活介護，自立訓練（機能訓練，生活訓練），就労移行支援，就労継続支援
独立行政法人　国立重度知的障害者総合施設のぞみの園	重度の知的障害者に対する自立のための先導的かつ総合的な支援の提供，知的障害者の支援に対する調査及び研究等を行うことにより，知的障害者の福祉の向上を図る。知的障害や発達障害のある18歳以上の人を対象に生活介護，自立訓練，就労移行支援，就労継続支援B型等のサービスを行っている。

2．施設実習の対象となる障害福祉サービスの内容

　施設実習の対象となっている障害者支援施設及び障害福祉サービス事業所における

サービスの内容について説明する。[1]

1）障害者支援施設（施設入所支援）

障害者支援施設の主な業務は，生活にかかわる支援と日中活動支援がある。利用児（者）が施設の中で，活動と休息のバランスの取れたQOLを重視した生活を送ることができるように職員が連携して支援を行っている。

生活にかかわる支援では，身辺介助支援（排泄，入浴，食事，整容等），生活支援（寝具の調整管理，掃除，洗濯，衣類の整理，環境整備等），健康への配慮（バイタルサイン，健康状態の観察，緊急時の対応，医療機関受診等），相談支援等がある。

日中活動では，利用児（者）一人一人の希望やニーズにあった製品作りや生産活動，創造的な活動等に参加できる機会を提供している。

2）障害福祉サービス事業所

①生活介護

常時介護を必要とする障害者に対して，昼間において障害者支援施設やその他の施設で，入浴，排泄，食事等の介護，創作的活動，生産活動の機会の提供その他の支援を行う。

②自立訓練（機能訓練）

身体障害者等が自立した日常生活や社会生活を営むことができるよう，身体機能又は生活能力の向上のために必要な訓練その他の支援を行う。

③自立訓練（生活訓練）

知的障害者・精神障害者が自立した日常生活や社会生活を営むことができるよう，生活能力の維持・向上を図るため，一定期間の訓練を行う。

④就労移行支援

就労を希望する障害者に生産活動その他の活動の機会の提供を通じて，就労に必要な知識及び能力の向上のために必要な訓練その他を行う。利用期間は２年を目安としている。

⑤就労継続支援

通常の事業所に雇用されることが困難な障害者に就労の機会を提供するとともに，生産活動その他の活動の機会の提供を通じて，その知識及び能力の向上のために必要な訓

1）福祉臨床シリーズ編集委員会編『相談援助実習・相談援助実習指導 第2版（社会福祉士シリーズ22）』弘文堂，2014年，126〜138頁。

練その他を行う。就労継続支援には，利用者と雇用契約を結ぶ就労継続支援A型と非雇用型の就労継続支援B型がある。

3．障害者総合支援法による障害福祉サービス利用の流れ[2]

障害者総合支援法に定められた障害福祉サービスの相談から利用までの大まかな流れを図3-1にまとめた。

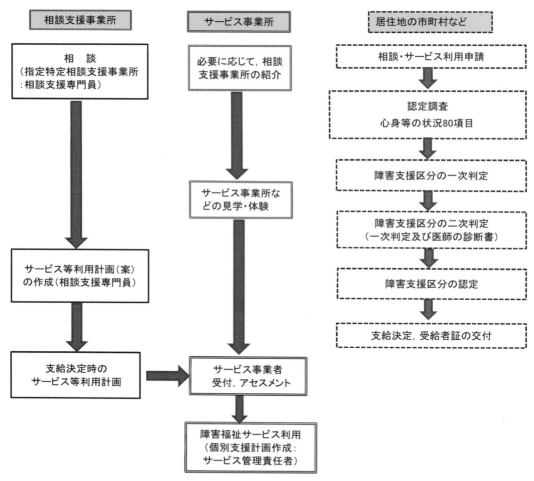

図3-1　障害福祉サービスの相談から利用までの大まかな流れ（18歳以上の障害者）筆者作成

---

[2]）『障害者総合支援法とは…［改訂第2版］』東京都社会福祉協議会，2015年『障害福祉サービスの利用について平成27年4月版』全国社会福祉議会。『'15保健・福祉の手引き　平成27年度版』広島市健康福祉局，を参考にした。

第2節　障害者支援施設等に配置される職員

1．障害者総合支援法に規定されている職員について

　障害者総合支援法では，相談支援や福祉サービス等の提供にあたって置くべき職員として相談支援専門員，サービス管理責任者，サービス提供責任者が規定されている。

1）相談支援専門員

　障害のある利用者の相談に応じ，助言や連絡調整を行い，サービス等利用計画を作成する。サービス等利用計画の様式については，第3節を参照。

2）サービス管理責任者

　障害福祉サービスにおいて利用する障害者に適切なサービスが提供されるよう，個別支援計画を作成したり，担当者との連絡調整，サービス提供における指導等を担当する専門職である。サービス管理責任者が作成する個別支援計画書には，統一された様式はなく，施設や事業所が独自の様式を用いて作成している。

3）サービス提供責任者

　居宅介護事業所等の居宅部門に置く専門職で，障害者の日常生活の状況や希望等を聞きながら，具体的なサービスの内容等を記載した居宅介護計画を作成する。従業者の技術指導等も行う。介護福祉士，実務者研修修了等の資格要件がある。

表3-2　提供されるサービスと配置される職員[3]

サービス	職員	特記事項
施設入所支援	生活支援員，サービス管理責任者	生活介護を行う場合，医師，看護師，理学療法士又は作業療法士，生活支援員，サービス管理責任者
生活介護	医師，看護師，理学療法士又は作業療法士，生活支援員，サービス管理責任者	嘱託医でも可，看護師等による健康状態の把握や健康相談等が実施されている場合には医師を配置しないことも可能
自立訓練（機能訓練）	看護師，理学療法士又は作業療法士，生活支援員，サービス管理責任者	訪問によるサービスの場合には，訪問によるサービスを提供する生活支援員が必要
自立訓練（生活訓練）	生活支援員，サービス管理責任者	
就労移行支援	職業指導員及び生活支援員，就労支援員，サービス管理責任者	あん摩マッサージ指圧師，はり師又はきゅう師の養成施設として認定されている場合にはその養成施設に置くべき職員
就労継続支援A型（雇用型）	職業指導員及び生活支援員，サービス管理責任者	
就労継続支援B型（非雇用型）	職業指導員，生活支援員，サービス管理責任者	
複数の昼間実施のサービスを行う場合	サービスごとに常勤の配置が義務づけられている従業者，サービス管理責任者	

3）『障害者総合支援法事業者ハンドブック指定基準編　2015年版』中央法規出版より筆者作成

第3節　障害者支援施設・障害福祉サービスの対象者

１．障害者総合支援法における障害者支援施設・障害福祉サービスの対象者

　障害者総合支援法では，身体障害者，知的障害者，精神障害者（発達障害者を含む）に加えて一定の難病の患者が対象とされている。

　各サービスの対象となるのは，以下の表3-3のとおりである。なお，自立訓練，就労移行支援，就労継続支援は，障害支援区分に関係なく利用できる。

表3-3　障害福祉サービスと利用要件

サービス	利用要件	特記事項
入所支援	生活介護を受けている人で障害支援区分４以上の人等	50歳以上の場合は，障害支援区分３以上
生活介護	①地域や入所施設において，安定した生活を営むため，常時介護等の支援が必要な障害支援区分３以上の人	①障害者支援施設入所の場合は障害支援区分４以上
	②50歳以上で，地域や入所施設において，安定した生活を営むため，常時介護等の支援が必要な障害支援区分２以上の人	②50歳以上で障害者支援施設入所の場合は障害支援区分３以上
自立訓練（機能訓練）	地域生活を営む上で，身体機能・生活能力の維持・向上等のため，一定の支援が必要な18歳以上の身体障害のある人や難病の人	
自立訓練（生活訓練）	地域生活を営む上で，生活能力の維持・向上を図るため，一定期間の訓練が必要な知的障害のある人，精神障害のある人	
就労移行支援	一般企業等への就労が可能と見込まれる65歳未満の人	
就労継続支援A型（雇用型）	一般企業等への就労は難しいが，雇用契約を結んで働きたい人（①就労移行支援事業を利用したが，企業等の雇用に結びつかなかった人，②特別支援学校を卒業して就職活動を行ったが，企業等の雇用に結びつかなかった人，③企業等を離職した人等で，現に雇用関係がない人等）	
就労継続支援B型（非雇用型）	福祉的就労をしたい人（一般企業で働くのが難しい人，就労移行支援や就労継続支援A型等を試したがうまくいかない人，安心できる環境で生産活動の機会を得たい人等）	

（『障害者総合支援法事業者ハンドブック2015年版』，中央法規出版，2015年，厚生労働省HP「障害福祉サービスの内容」http://www.mhlw.go.jp/stf/seisakunitsuite/bunya/hukushi_kaigo/shougaishahukushi/service/naiyou.htmlを参考に筆者作成）

２．障害者支援施設及び障害福祉サービス事業所の利用者について

　利用者は，障害特性をもつ個別性のある一人一人違った人格を持つ人であり，施設や事業所の中で，その人の希望やニーズ，障害特性に合ったサービスを必要とする生活者である。施設や事業所の職員は利用者や家族とともに目指すべき支援目標を設定し，その人らしい暮らしや生活ができるよう支援している。利用者の権利を守り，利用者の自己決定を尊重し，その人が主体的に生活できるように支援することが重要である。

　先に述べたように，障害者支援施設や障害福祉サービス事業所では，障害の種類や程度等，様々に異なる利用者が一緒に利用している。一人一人の利用者の障害特性，日常生活動作（ADL），コミュニケーション方法，既往歴等の理解は支援に不可欠である。また，てんかん発作のある場合の介助，食物アレルギー，行動特性，緊急の状況が発生したときの連絡方法等を実習生が知っておくべき事柄について実習先等からの情報を得ながら，事前の学習を行っておく必要がある。

第４節　障害者支援施設・障害福祉サービス事業所における支援内容

　障害者支援施設では，昼間の生活介護，夜間の施設入所支援のサービスが提供されている。また，障害福祉サービス事業所では，通所による各種障害福祉サービスが提供されている。障害者支援施設に通所型の障害福祉サービス事業所が併設されているところも多く，そこでは利用者のニーズに合わせた様々なサービスが日々展開されている。障害者支援施設や障害福祉サービス事業所では，利用者の人権の擁護，虐待防止等のため，責任者を設置する等の必要な体制の整備を行うとともに，職員に対して，研修を実施している。

　ここでは，実際の施設や事業所のサービス内容を参考にして，一日の流れを説明する。

　なお，事業種別により活動内容が共通する場合や活動内容が入れ替わる場合があるので，典型的な一例として理解してほしい。

＜障害者支援施設の一日の流れ＞

7時	起床，洗面，整容
8時	朝食
9時	生活介護（～16時30分）
	◆介護（食事，排泄），洗濯，掃除等
	◆日中活動支援　作業活動班，創作的活動班，運動班，リハビリテーション班，療育班，外出班等，個別の希望やニーズに合わせた活動を選んで参加
17時30分	入浴支援
18時30分	夕食
21時	就寝

＜障害福祉サービス事業所（生活介護）の一日の流れ＞

9時30分	送迎，来所
10時	朝会，午前の活動
	軽作業等の生産活動，創作活動，レクリエーション
12時30分	昼食，フリータイム（～13時30分）
13時30分	午後の活動（～15時）
15時30分	帰りの準備，連絡帳記録（～16時）
16時30分	送迎，帰宅

＜障害福祉サービス事業所　自立訓練（生活訓練）の一日の流れ＞

8時	送迎
9時	来所，健康チェック
9時30分	朝会，ラジオ体操
10時	午前の作業
	作業班　陶芸，箱折り，木工等，班に分かれて作業
	個別訓練　生活マナー等
11時50分	午前の訓練終了，うがい，手洗い
12時	昼食，歯磨き（～13時）
13時	午後の作業
	作業班　陶芸，箱折り，木工等，班に分かれて作業
	個別訓練　生活マナー等
16時	午後の作業・訓練終了
16時30分	送迎，帰宅

＜障害福祉サービス事業所（就労移行支援）の一日の流れ＞

9時	来所，朝礼，ラジオ体操
9時15分	パソコン訓練，ビジネスマナー
10時45分	休憩（〜11時）
12時30分	昼休憩（昼食，自由時間）
13時	パソコン訓練，ビジネスマナー
14時	レクリエーション
15時30分	片付け，終了，帰宅

＜障害福祉サービス事業所（就労継続支援A型）の一日の流れ＞

9時	来所，健康チェック
9時10分	活動場所（X障害者支援施設）へ移動
9時30分	X障害者支援施設での清掃作業（午前）
12時30分	昼休憩（昼食・自由時間）
13時30分	X障害者支援施設での軽作業（午後）
16時10分	事業所へ帰着，帰宅

＜障害福祉サービス事業所（就労継続支援B型）の一日の流れ＞

9時	来所
9時15分	ミーティング
9時30分	作業開始 　食品のパッキング（箱詰め作業），自主製品の製作
10時30分	休憩
10時45分	作業再開（〜12時）
12時	昼休憩，昼食，歯磨き
13時	午後の作業（〜14時30分） 　カキ養殖用ホタテ貝通し
14時30分	休憩〜（14時50分） 　本日はお楽しみカフェの日　好きな飲み物とスウィーツを選びましょう
16時	作業終了，片付け，掃除
16時30分	帰宅

コラム　1

施設での宿泊が不安

　「施設実習は，指導案も書かなくていいのが楽なんだけど，泊りが一番不安だ」「施設の中で落ち着いて眠れない日が10日間も続くって嫌だ」「実習なのにどうして自炊をしなきゃならないの」といった声が毎年，施設実習が近づくと聞こえてくる。

　保育士の養成校へ進学する学生は，自宅通学生が圧倒的に多い。家族に掃除や洗濯や食事を準備してもらっている学生にとって，10日間の食事を作るのは大きな負担感があるのは想像できる。しかも，実習先の施設は繁華街や住宅地ではなく，山奥や丘の上等，周囲から独立した環境に設置されている場合が少なくない。利用児（者）の安全を配慮し，周囲の住民からの理解が得られやすい等の要因があるようだ。話は元に戻るが，何故，施設実習には宿泊が必要なのか。それは，施設が利用児（者）にとっての日常生活の空間であるからだ。この点は，病院と違う。利用児（者）の日常のありのままの姿があり，それを支える施設保育士がいる。施設保育士は，住み込んでいる者も多い。住み込みが無くても宿泊を伴う勤務体制は不可欠である。夜や早朝に起こる利用児（者）の体調不良等の対応は，施設保育士の重要な勤務である。施設保育士は利用児（者）の生活すべてを支えている。だからこそ，責任もやりがいも大きい。保育士としての専門職の役割と家族と同じ役割も果たしている。実習だから，学生だからといった理由で，施設保育士のこの重要な役割を知らずに保育士資格は習得すべきではない。

　一方，宿泊の実習における大きな利点がある。利用児（者）との関係が短時間で深くなることだ。人とのかかわりは，あいさつを交わす，会話を楽しむ，食事を一緒に楽しむ，旅行に一緒にいく，お互いの家を泊まりあうといった段階で親密性が高くなっていく。施設実習はいきなり食事を一緒に楽しむ実習である。更に，宿泊する部屋は違っていても同じ建物内で泊まる。「おやすみなさい」と「おはようございます」の言葉を交わす。さらに，利用児（者）の生活だけではなく，実習生の生活の姿も見えてくる。実習生は観察されているのだ。互いを深く理解する時間や機会があるからこそ，宿泊を伴った施設実習の最終日，実習生は涙であふれるのだと思う。実習後もボランティア等でかかわることは出来るかもしれないが，実習中とは異なる。宿泊が無いからである。むしろ，再会できない実習生の方が多い。まさに一期一会である。だからこそ，涙があふれる。数日で親密な人間関係を作り，バサッと切られる感覚かもしれない。

　施設実習に向かう学生の荷物は，衣服や食品ではちきれそうである。泣きながら帰る実習終了後の帰り道，食べてしまった食料の重さ以上のずっしりとした思い出を大事そうに抱えて帰る姿を私達は待っている。

（西川　ひろ子）

第4章

施設実習オリエンテーション

第1節　実習施設の決定

1．施設実習の実習施設の条件

　施設実習は法律で実習ができる施設が「指定保育士養成施設の指定及び運営基準について」の中の「保育実習実施基準」により規定されている。具体的には，「乳児院，母子生活支援施設，障害者入所施設，児童発達支援センター（児童発達支援及び医療型児童発達支援を行うものに限る），障害者支援施設，指定障害福祉サービス事業所（生活介護，自立訓練，就労移行支援又は就労継続支援を行うものに限る），児童養護施設，情緒障害児短期治療施設，児童自立支援施設，児童相談所一時保護施設又は独立行政法人国立重度知的障害者総合施設のぞみの園である。また，この「保育実習実施基準」は，2010（平成22）年の改定により，これまでの居住型生活施設での実習先から通所・通園施設も加えられた。この施設の児童福祉施設と障害者支援施設の概要については，第2章及び第3章でふれているので参照して欲しい。

　保育士養成校は，保育士養成認可を担当の行政機関から承認を受ける際に施設実習先を届けている。もちろん，施設実習先は前述した施設の中でしか認可は得られない。つまり，実習生が施設実習を行える施設は，保育士養成校によって既に限定されている。だから，実習生は，施設実習先を自己開拓したり，自分で勝手に決めることは難しい。更に，施設への実習依頼は，保育士養成校から行われている。つまり，毎年実習生の受け入れ人数を確認し，施設が実習を受け入れてくださるのか依頼を行い，施設の承認が毎年行われるのである。例えば，施設側が改築等の都合で実習を受け入れできない年もある。また，他の養成校との実習時期の重複により，希望する実習生の数が多くなり，受け入れを断られることもある。最も問題なのは，前年の実習生の実習姿勢や問題行動により，施設側に実習受け入れそのものを拒否される場合もある。実習は，施設の好意によって受け入れられていることを忘れてはならない。さらに，昨今は，保育士不足に対応する為に保育士養成校が増加傾向である。また，保育士ではない他の職種の実習先として施設が利用されることも増えている。つまり，施設実習を行える施設そのものの数が不足しているのである。

　これらの多くの前提条件のもと実習施設の決定が行われる。養成校によっては事前に実習希望調査を取ってくれることもある。もちろん，養成校は施設実習前に，学生の配

属希望と，一人一人の適性等も考慮しながら，最大限学生の希望に沿うように努力している。前述したように2010（平成22）年の改定より，以前は入所型施設が多かった実習であるが，通園・通所施設が実習対象施設として増加している。通園・通所施設での実習は，施設の近隣に住む学生でないと通うことが出来ないので，学生の住所や自宅生か下宿生か否かも考慮して，保育士養成校では実習配当を行っている。

　だが，前述した条件はかなり厳しいために実習生の希望が必ずしも通るわけではない。学生によっては，将来は乳幼児のかかわる保育士として働くことを希望していた場合には，障害者施設に施設実習が配当されることを不服に思い，実習意欲が持てないと訴えてくるケースもある。ここで再認識してほしいのは，保育士の業務である。保育士はどのような児童福祉施設でも通用する専門職であるのだ。そのためには，本来全ての種類の児童福祉施設で実習することが理想であるが，現実には不可能である。そこで，一か所での施設実習を行っている。

　施設に就職希望する学生には，さらに選択科目の保育実習Ⅲで施設で実習をすることが出来る。たとえ乳児院や児童養護施設を希望していたとしても，障害児施設を知ることによって，保育士の専門性は向上しているのである。なぜなら，保育所でも心身に障害を持っていたり，「気になる子」といわれる発達の遅れや偏りを持つ幼児は必ず入所している。また，母子生活支援施設の実習経験は，家庭環境の問題や母子関係等のいろいろな問題から子どもの情緒が不安定になり，問題行動が起きやすくなっていることや，基本的生活習慣の安定によって子どもの育ちが安定してくる過程を理解することが出来る。これら全てが保育士としての専門性の向上の為に必要な知識と経験である。そのために，より多くの福祉施設の実践を知り，視野を広げることが重要である。単に，保育技術を向上させることだけが実習の目的ではないのだ。実習の目的は，「保育士を知る」「児童福祉施設を知る」「利用児（者）を知る」そして「自分を知る」ことである。この目的の達成のために，利用児（者）や施設職員とかかわり，自分を再発見し，児童福祉に対する理解を深め，視野を広げるのが実習の目的である。

　もし，希望する施設に実習先が決定したとしても，様々な児童福祉施設や障害者施設へのボランティアへ積極的に参加し，常に自分の保育の専門性を向上させることを薦める。

第2節　事前学習

1．学内オリエンテーションとは

　第2章および第3章でふれたように，施設での実習先には児童福祉施設である児童養

護施設や乳児院，母子生活支援施設，児童自立支援施設，障害児入所施設等のほか，障害者支援施設等さまざまな種類がある。そのため，それら施設において保育士がかかわる対象者の年齢や職務内容に大きな幅がある。施設保育士には，利用児（者）の日常生活の援助や介助，遊びや学習の指導，地域や家庭の子育て支援等，幅広い役割が期待されている。一方で，入所児（者）に応じて，児童虐待やDV，心身の障害から生じる問題，非行を繰り返す子どもの問題等に対応する力も求められている。実習生が施設実習に対して漠然とした不安を抱きやすいのは，このように，それぞれの施設で求められる知識や技術に幅があること，また実習施設に対する具体的イメージをもっていないためであるといえる。

　そこで，学内オリエンテーションにおいては，施設実習の意義や学びについて確認すること，実習施設の概要とそこで働く保育士の職務内容，利用児（者）のかかえる問題や障害について理解を深め，発達段階や特性に応じたかかわり方について学ぶこと，それらをふまえて自己の実習課題を設定することが重要となる。

2．施設概要の理解

　児童福祉施設や障害者支援施設については，その概要や利用児（者）の特性について，これまで福祉に関する授業で学んできたはずである。施設実習の事前学習ではこれらの知識を活用しつつ，具体的な実習施設に即して学びを深めることが求められる。

1）ホームページ等の活用

　実習施設がホームページを開設している場合は，必ず閲覧して施設の沿革や概要を理解しよう。ホームページがなくても，大学に施設のパンフレット等の資料がある場合はそれらを活用するとよい。

　施設の設立から現在までの沿革を知ることによって，施設が設立された背景や理念，方針について事前に理解できる。また，地域社会とのかかわり（地域性や地域との交流，校区等）や，施設職員の職種（児童指導員，心理療法担当職員，理学・作業療法士，家庭支援専門相談員，看護師，栄養士等）等，施設の特性についても事前に知っておきたい。実習施設での事前オリエンテーションの前に，これら基礎的事項を整理し，分からないことを質問できるようにしておくとよい。

2）実習体験報告会

　保育士養成施設では，実習施設の決定前あるいは実習前に，すでに施設実習を終えた先輩学生が後輩に対して実習体験を報告する機会が設けられている。こうした報告会で

第4章　施設実習オリエンテーション

は，実習施設の概要だけでなく，一日のスケジュール，配属された部門や寮名，利用児（者）の様子，レクリエーションの有無等の実習内容について，先輩から直接，体験談を聞くことができる。実習の具体的イメージをもち，レクリエーション計画をたてる等，事前学習を深める機会となるので必ず参加し，疑問点を質問し，自己課題を明確にしておきたい。報告会が行われない場合も，学生が大学に残した実習報告書や資料等が閲覧できることがあるので，積極的に活用するとよい。

３）ボランティアへの参加

　実習施設によっては大学等に対し，夏祭りやバザー，運動会等，行事のボランティアを募集している。配属先の実習施設であるか否かにかかわらず，ボランティアに積極的に参加し，施設について体験的に知ることは非常に有益である。

　職員の利用児（者）とのかかわり，利用児（者）の様子や施設設備について，直接，自分が目で見て触れることによって，実習への不安や気構えを取り除くことができる。

　１）から３）まで多様な学習機会を活用し，施設概要や利用児（者）の発達段階や特性について理解できたら，具体的な実習の目標を設定し，そのための事前準備を進める。

３．施設実習の目標と課題の整理

　先ほど述べたように，施設実習の種類や役割，利用児（者）の年齢や特性は多様であり，配属された実習施設に応じて具体的な実習内容も多様なものである。しかしながら，すべての施設はその施設を利用している人の生活の場であり，その人々の自立と生活を支えるために施設職員は働いている。そのなかでも保育士は，利用児（者）の日常生活の支援・援助を通して，基本的生活習慣の習得，利用児（者）の社会性や個性の伸長，学習支援を行っており，利用児（者）にとって最も日常的なかかわりの深い存在である。

　利用児（者）の多くは，家庭での生活が困難であったり，生活や心身の機能回復訓練を受けたりするために施設に入所しており，自立のための支援を必要としている。人間は誰でも多かれ少なかれ，周囲の人に助けられたり，助けたりしながら，すなわち，自立と他者への依存のはざまで生活している。実習生のなかにも自分自身が「自立している」と言い切ることができる人は，それほどいないだろう。自立を支援するとは，特別なことではなく，できるだけ自分でできることを増やせるよう必要な手立てを利用児（者）とともに考え，支えていくことである。

　しかしながら，たとえば虐待等，深刻な経験をしてきた利用児（者）の心を理解することは，専門家にとっても容易なことではなく，短期間だけ子どもとかかわる実習生には困難であり，心を開いてもらうことさえ難しい場合もある。まずは，利用児（者）に

実習生自身のことを知ってもらい，利用児（者）の表情や言動，施設職員のかかわりを
よく観察しながら，少しずつ関係を作っていくことが大切である。

【具体的な課題設定の手順】

①実習施設の種類・目的を関連法令・基準等から整理する。（児童福祉法，児童福祉施設
　の設備及び運営に関する基準）

②実習施設の概要をまとめる。（施設名，方針，事業の内容等）

③実習指導等の授業で，実習内容について確認する。

④自分自身の関心について整理する。

　上記の作業をふまえ，実現可能な実習課題を立てる。

【実習課題の例】

・施設養護の実際について，子どもと生活を共にし，体験しながら理解する。

・子ども達と分けへだてなく積極的にかかわりをもち，子どもを理解できるよう努め
　る。可能であれば，子どもの背景を知り，子ども一人一人に職員がどのような支援を
　しているかを学ぶ。

・施設への入所理由等について学び，現代の日本で生じている家族や子育ての問題，保
　護者や子どもを支える施設の役割について考察を深める。

　入所施設は，幼稚園や保育所とは異なり，24時間，利用児（者）が生活している生活
の場である。施設実習においては，宿泊実習が主となる。したがって，基本的な礼儀や
マナーだけでなく，生活技術を身につけていることが大切である。最近では，日常生活
の中で基本的な家事をしていない学生も多く見受けられる。掃除，洗濯くらいやればで
きる，と思っているかもしれないが，施設ではそれを「すばやく，正確，かつ丁寧に」
行うことが求められている。事前学習の一環として，生活技術の基本が身についている
かどうかも確認しておく。

【生活技術のチェック】

□　雑巾を正しく絞ることができる。

□　包丁を正しく持って，野菜を切ったり，皮をむいたりできる。

□　食器をすばやく丁寧に洗うことができる。

□　洗濯機（全自動・二槽式）の使い方が分かる。

□　洗濯物をすばやく丁寧に畳むことができる。

　このほかにも，洗濯するときの基本的な注意事項や，ほうき等，掃除道具のもち方，
扱い方を確認しておく。

第3節　実習施設でのオリエンテーション

　実習施設でのオリエンテーションは，目的意識をもって意欲的に実習に参加するために，事前に実習先を訪問してあいさつを行い，実習までに各自が準備しておくべきことを確認するために行われる。

1）実習施設への電話連絡

　実習が始まる約1ヶ月前頃になったら，まず，実習先に電話をかけてオリエンテーションのお願いをし，訪問する日時を相談する。訪問する日は，おおむね実習の1〜2週間前頃であることが多い。ひとつの施設に複数名が実習させていただく場合には，代表者1名が電話をかけて訪問日時の相談を行い，当日は全員でうかがう。先方の負担となるため，それぞれがバラバラに電話をかけたり，うかがったりすることがないよう注意する。数名のグループごとに実習期間が異なる場合にも，オリエンテーションは可能な限りまとまってうかがい，一度で済むようにする。そのためには，事前にうかがうメンバー全員のスケジュール（自分の所属する養成校の授業や試験等の日程等）を確認し，調整した上で電話をかける必要がある。

　電話をかける際には，事前にシミュレーションしておき，はきはきとした明るく聞き取りやすい声で話すことを心がける。互いの声がよく聞こえるよう静かな環境を選ぶとともに，電話をかける時間帯にも気を配る。食事時や，通所施設の場合の朝夕の登所・降所の時間帯等，先方がとりわけ多忙になる時間は避けるようにする。

　必ず，初めに自分の所属と名前を名乗ったうえで，「実習のオリエンテーションの件でお電話しました」等と，何のために電話をかけたのかを伝える。施設長あるいは実習担当者等に代わっていただけるようお願いし，相手が電話に出られたら，再度自分の所属と名前を名乗り，実習を受け入れていただいたお礼を伝える。そのうえで，オリエンテーションにうかがいたいことを伝え，日時を相談する。また，訪問時に持参しなければならないものがあるかどうかについても確認しておく。電話を切る際には，相手が切ったことを確認してから切るようにする。

　万一，担当者が不在だった場合には，かけ直させていただくのはいつがよいか必ずうかがっておき，その日時に改めて電話する。また，日時の相談の際に，先方から指定された日時が自分の所属する養成校の授業や試験等と重なっている場合には，そのことを正直に伝え，丁寧に変更をお願いする。たとえ実習先でのオリエンテーションのためであっても，基本的には授業や試験を欠席することは学生として望ましくない。その日が

難しい事情をきちんと伝え，あわてず冷静に，適切な交渉ができることも，社会人となるために必要な能力のひとつであると言える。

　なお，施設によっては，実習の初日にオリエンテーションを行うところもあるため，その場合には，電話で持参物や実習中の服装の他，通勤の場合には，出勤・退勤の時間や早出遅出の有無，通勤時の服装，使用してよい通勤手段等について，宿泊の場合には初日の出勤時間や，実習中の休日の有無（休日がある場合の帰宅の可否を含む），宿泊や食事の費用等については，最低限確認しておく。また，実習に関する注意事項や事前に準備しておくとよいこと等についてもうかがっておくとよい。

2）実習施設でのオリエンテーションの内容

　オリエンテーションでは，実習内容および配属先や予定，持参物や実習中の服装等についてきちんと確認しておくとともに，実習施設の理念や方針，環境や設備，沿革等について，事前学習だけでは十分にわからなかった点について質問し，確認しておく。また，先にあげた通勤の場合，宿泊の場合それぞれの確認事項についても必ず確認する。また，1日の流れや，利用児（者）の様子や配慮事項，事前に準備しておくとよいこと，実習中の注意点等も忘れずに確認しておく必要がある。オリエンテーションで確認しておくべき主な内容は，表4-1にまとめたが，各自の実習先に応じて，その他にも聞きたいことや確認しておくべきことがあれば事前にメモ等に整理しておいて臨むとよい。

表4-1　オリエンテーションで確認しておくべき主な内容

	具　体　的　な　内　容
●実習施設の概要について	・沿革や理念，支援方針，支援内容等について ・環境や設備について（利用の仕方を含む） ・利用児（者）数，職員数，職員の職種等について
●実習内容やスケジュールについて	・配属先（利用児（者）の年齢，人数等）について ・行事や活動の予定について ・部分実習やレクリエーション，行事による外出の有無等について
●実習や実習中の生活に関する注意事項について	・持参物や，食事・宿泊にかかる費用，宿泊にともなう生活上の注意点（食事・入浴等の時間，洗濯の可否）等について ・実習中および通勤時の服装，出勤・退勤の時間や早出・遅出の有無，使用してよい通勤手段等について ・施設の一日の流れ，利用児（者）の生活の様子，利用児（者）の特徴や配慮事項等について

また，食物アレルギーや持病等を持っている場合には，事前に養成校に申し出た上でオリエンテーションの際に施設に伝えて，相談しておくべきである。症状や程度等はもちろん，かかりつけ医等がある場合には，症状が出た際にすぐに連絡できるようその連絡先等まできちんと伝えておく必要がある。

3）実習施設でのオリエンテーション時の服装・マナー

オリエンテーションからすでに実習は始まっている。第一印象を悪くすることがないよう，服装やマナーには十分に気をつけ，遅刻や忘れ物等は決してしないように注意しなければならない。

健康診断書等，事前に実習先から指示のあったものがあれば必ず持参する。筆記用具や実習日誌も忘れず持参し，担当者の話はきちんとメモをとるようにする。また，上履き等も持参しておく。

訪問時の服装は，スーツを着用し，清潔感のある身だしなみや着こなしを心がける必要がある。スーツは黒や紺色，グレー等の落ち着いた色合いが望ましく，シャツは白が望ましいとされる。靴も，革靴等，服装にふさわしいものを選び，ヒールの高すぎないものにする。男子学生はネクタイ，女子学生はストッキングもきちんと着用する。化粧はナチュラルメイクにとどめ，つけまつげ（エクステンションを含む）等もつけないようにする。また，男女ともに，髪の毛は染めず，顔や目に前髪等がかからないよう整えておく。男子学生は短髪が，女子学生で髪の長い者は後ろでひとつに束ねることが望ましいとされている。爪は短く切りそろえ，マニキュア（透明なものも不可）やつけ爪，カラーコンタクト等も事前にはずしておく。アクセサリー類（ピアス，ネックレス，指輪等）は身に付けない。その他，髪や衣類の強い香り等にも気をつけ，利用児（者）や職員に不快感を与えたり，施設実習に臨む実習生としてふさわしくないと思われたりすることがないようにしなければならない。

また，遅刻を防ぐため，交通手段や道順，所要時間等を事前に確認しておくことも重要である。実習中同様，余裕をもっての到着を心がけるとともに，交通機関の遅延等不測の事態で遅れる可能性が生じた場合には，必ず連絡を入れる。

訪問時には，アポイントメントをとった相手だけでなく，必ず，出会ったすべての人に挨拶をするとともに，行き帰りの道中の振る舞いにも注意する。施設周辺でたむろしての無駄話や喫煙，歩きながらの飲食等はもちろん，周囲に迷惑をかけるような行為や公共のマナーに反するような行為は決して行わない。

4）基本的な心構え

　オリエンテーションにうかがうにあたっては，もしも自分が受け入れ側の立場だったらと想像して，実習生としての基本的な心構えを改めて考えてみるとよい。日々の多忙な業務の中，オリエンテーションのために貴重な時間を割き，実習生を受け入れ，指導を行うとしたら，自分ならば実習生に何を望むだろうか。

　例えば，実習生が事前に持参するよう指示しておいた物も忘れ，筆記用具も持たず手ぶらでやってきてメモもとらなかったとしたら，あるいは，事前に何の下調べもせずオリエンテーションにやって来て，きちんと事前学習を行っていれば当然わかっているはずの内容についてたずねたり，ホームページ等ですぐに確認できるような内容についてたずねたりされたら，自分ならばどのように感じるだろうか。

　訪問時に持参するよう事前に指示のあったものについては，直前になって慌てることのないよう必ず余裕をもってそろえておかなければならない。持参できないことで実習への意欲の低さを示すことになるだけでなく，抗体価検査や腸内細菌検査等は，結果によって医療機関で診断と処置を受けたうえで再検査が必要となるものもあり，間に合わなければ，実習の延期や中止の可能性も生じる。

　また，実習施設について，施設の種類や目的，機能の他，理念や方針，活動内容等について，可能な限り事前に調べ学習を行い，概要を理解した上で実習先を訪問することは，実習させていただく者として当然のことであり，最低限の誠意でもあるだろう。

　○○大学・○○短大・○○専門学校の実習生として実習をお願いする以上，ある特定の学生の態度や行いであっても，それが同じ養成校に所属する実習生全体の印象を左右しかねないことを心にとめておく必要がある。

5）守秘義務と個人情報

　実習中と同様，オリエンテーションの際に利用児（者）について何らかの個人情報を知り得た場合にも，外部に漏らすことは許されない。利用児（者）の実名や個人的な話題，施設名や個人が特定できる形での話題は，ネガティブな内容だけでなく，ポジティブな内容であっても，SNS等に掲載することはもちろん，不用意に実習生同士の行き帰りの会話で話題にしたり，家族に話したりすることもできない。守秘義務の違反は，法律に触れる行為であり，損害賠償請求を受ける可能性もある。そのため，場合によっては実習中止にとどまらず，停学や退学につながる場合もあることを常に心に留めておく必要がある。

　また，自分の携帯番号等の個人的な連絡先を教える等，実習先の利用児（者）と私的な関係を築くことも，同様に単に実習中だけでなく，その前後を含めて許されていない。

熟慮を欠いた軽はずみな行動の結果，トラブルを引き起こして施設に多大な迷惑をかけてしまったり，利用児（者）をひどく傷つけてしまったりする場合もある。実習先の利用児（者）に対して自分の気持ちを示したいときには，施設で行われる行事の手伝いやボランティア等，あくまでも「公的な形」で示す必要がある。

なお，第9章「施設実習中のトラブル」を参照するとよい。

第5章

施設実習前の準備

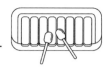

第1節　健康管理

1．健康管理と生活リズム

　実習中は普段の生活よりも，体力や気力を消耗する。そのため，実習生は健康な心と体の状態であることが実習を行う前提となる。特に，実習施設の種類や実習場所によっては宿泊を伴う場合もあり，入所施設では24時間体制で職員が勤務しており，実習生も早朝からの実習や，夜遅くまでの実習と変則的な実習時間となることがある。慣れない環境での生活や，日々の記録物等で体調を崩しやすい。

　そこで，実習前から実習中の生活を考え，早寝早起きの生活リズムに前もって慣らしておく必要がある。また，持病や健康上に不安がある場合は，早めに病院を受診し，治療を受けておくこと，必要であれば治療薬等を持参する。さらに，食習慣を見直し，朝食をしっかり食べてエネルギーを確保し，実習に臨むようにする。

　体調が思わしくないまま実習を行うと，思わぬ事故につながる危険性もある。体調不良の場合は施設の実習指導者に相談すること。実習中は，手洗いやうがいを行い感染予防に努め，睡眠をとるように心がける。

　実習前・実習中に心配事や不安な時は，実習担当教員に相談するとよい。

2．実習前の検査

　実習施設によっては，事前に健康診断書や腸内細菌検査等の定められた検査結果を提示する必要がある。指定通り提出できるように事前に準備をしておく。健康診断書や腸内細菌検査に関しては，実習担当教員の指示を仰ぐこと。

　また，乳幼児は免疫機能が未熟であり，集団感染が起こりやすい。麻疹，風疹，水痘，流行性耳下腺炎（ムンプス）・帯状疱疹の四種抗体価に関しては，抗体価検査と，必要であればワクチンの接種を医療機関で済ませておくことが望ましい。冬期の実習等では，インフルエンザの予防接種等も考慮する。子ども達の健康を守るためには，自身が健康であることの重要性を理解する。

第2節　実習の持参物の確認

　実習前の準備として，実習に必要な持参物は余裕をもって準備をしておく。直前の準備では間に合わないものもある。持参物については一つ一つチェックを行い，万全の準備で実習に臨むようにする。

1．一般的に実習に必要な持参物

① 実習日誌
② 健康診断書や腸内細菌検査結果，抗体価検査結果等。
③ 実習着：実習施設に確認する。動きやすく，学生らしいもの，ポケットがある服が望ましい。
④ 通勤時の服装・靴・鞄の確認：実習施設によっては，通勤にスーツ着用の指定がある。
⑤ 名札：オリエンテーション時に実習施設に確認し，適切なものを準備する。ピンで止めるタイプの名札や，首から下げる名札，また実習着に名札を縫い付ける等，実習先によりさまざまである。
⑥ 上履き・下履き：要・不要を確認する。
⑦ 印鑑：出勤簿捺印用（シャチハタ印鑑でなく，朱肉をつけて捺印する印）。毎日，出勤したら捺印すること。
⑧ 筆記用具：記録物は原則ボールペンで記入（消せるボールペンは不可）。携帯の仕方に注意し，子ども達が怪我をしたり，させたりしないように注意する。
⑨ メモ帳：可能であれば常にポケットに携帯する。
⑩ エプロン・三角巾・マスク：エプロンは清潔なものを着用できるよう，何枚か準備をしておく。
⑪ 給食費・食費（釣り銭がないように。封筒に入れておく。）：給食かお弁当かを確認する。
⑫ 箸・コップ：要・不要を確認する。
⑬ ハンカチ・ポケットティッシュ
⑭ 帽子
⑮ 辞書等：記録物を記載する際は，ボールペンでの記載となるので，あいまいな語句・漢字は前もって調べる。

２．宿泊を伴う実習に必要な持参物

① 健康保険証：コピーでもよいか確認
② 宿泊費の確認や必要な現金
③ 常備薬（必要であれば）
④ 衣類
⑤ 洗面用具
⑥ 洗濯洗剤：洗濯機は使用できるか確認をする
⑦ タオル
⑧ 洗濯物を干すハンガー等
⑨ シーツ・枕カバー：要・不要を確認する
⑩ 食品：ポット等が使用できるか確認する

　宿泊の場合は，オリエンテーション等で事前に持参物を十分に確認しておくこと。特に，日用品等は何をどの程度必要なのか，実習生が使用できる備品等を把握しておく。また，実習中は必要なもののみを持参し，不必要な現金や，実習に関係のないものは持ち込まない。

第３節　施設実習に向けての自己学習の確認

１．学習面

　充実した施設実習とするためには，事前に児童福祉施設等に関する基本的な知識を身につけておくことが必要である。さらに，実習する施設について施設種別，施設の目的や役割，働いている職員の資格や専門性，利用児（者）の一日の生活の様子，設備や環境，施設の歴史や，現状や課題等基本的な事柄について把握することで，より適切な実習課題が設定できる。また，施設についての理解を深めることで実習への不安の軽減と，積極的な実習参加や，学びを深めることにつながる。

　実習先となる児童福祉施設は，主に養護系，障害系の２種類に大別できる。

表5-1　保育実習（施設）の実習先となる児童福祉施設一覧

養護系	乳児院，児童養護施設，母子生活支援施設，児童相談所一時保護施設，児童自立支援施設
障害系	障害児入所施設，児童発達支援センター，障害者支援施設，指定障害者福祉サービス事業所，情緒障害児短期治療施設，独立行政法人　国立重度知的障害者総合施設のぞみの園

※保育実習Ⅲでは，上記のほかに児童館，児童遊園等がある。

１）養護系実習の復習ポイント

① 乳児院：おおむね２歳未満の乳幼児が対象。保育士の仕事内容として，調乳・授乳，沐浴・入浴，おむつ交換等がある。乳児の抱き方，授乳の仕方，乳児との基本的なかかわり方等を復習しておく。

② 児童養護施設：入所理由は，保護者の放任・怠だ，保護者の虐待・酷使，経済的理由等が多い。身体的虐待，性的虐待，心理的虐待，ネグレクトについて復習をしておく。

③ 母子生活支援施設：入所理由には，母親の未婚・障害・心身の不安定等，育児サポートを必要とする場合と，配偶者からの暴力（DV：ドメスティック・バイオレンス）等がある。DVについての理解を深めておきたい。

２）障害系実習の復習ポイント

① 障害児入所施設

旧分類でいうと，知的障害児，視聴覚言語障害児，肢体不自由児，自閉症児，重症心身障害児等について復習すること。

② 児童発達支援センター

旧分類でいうと，知的障害児，聴力障害児，肢体不自由児，自閉症児，重症心身障害児等について復習すること。

③ 情緒障害児短期治療施設

不登校，家庭内暴力，虐待を受けたことによる心理的不調，発達障害からの二次障害による情緒不安定等について復習すること。

2．生活技術面

　入所施設は，利用児（者）の生活の場である。実習生はその生活の場で一緒に生活をすることによって，利用児（者）の生活支援について学ぶ。

　実習は日常生活にそった内容であり，生活技術を経験することが多い。生活技術とは，「日常を営むために必要とする身辺の技術」であり，具体的に掃除や洗濯，食事を作ることが必要な施設もある。そのため，日々の生活から生活技術を身につけておく。

① 掃除道具の正しい使い方：雑巾の絞り方や，ほうきや塵取りの使い方。

② 洗濯：手洗いの洗濯の仕方，全自動洗濯機の使い方，二槽式の洗濯機の使い方。

③ 食事：米のとぎ方，包丁の使い方，食中毒防止のためのキッチン周囲の衛生管理。

3．他職種連携

　施設を利用している利用児（者）はさまざまな問題を抱えている。施設では，それぞれの専門職が利用児（者）を中心に各自の専門的な役割を担いながら，互いに共通の目標をもちチームで連携を図っている。

　児童養護施設等では，保育士以外に医師，心理療法担当職員，児童指導員，家庭支援専門相談員，個別対応職員，栄養士や調理員等が働いている。また，医療型の障害児入所施設等では，保育士以外に医師や看護師，理学または作業療法士，心理指導担当職員，児童指導員，児童発達支援管理責任者，栄養士，調理員等がいる。

　実習前の学習として，実習施設ではどのような専門職員が働いているのか，事前に把握しておくことが必要。

第4節　実習課題の設定と実習計画の確認

1．実習課題の設定

　施設実習は，保育士養成課程の「保育実習Ⅰ」（施設），「保育実習Ⅲ」に相当し，厚生労働省の指定保育士養成施設の指定及び運営の基準によると，以下のように目標が定められている。

表5-2　保育士養成課程の「保育実習Ⅰ」「保育実習Ⅲ」の目標と内容

「保育実習Ⅰ」（施設）	「保育実習Ⅲ」
＜目標＞ 1．保育所，児童福祉施設等の役割や機能を具体的に理解する。 2．観察や子どもとのかかわりを通して子どもへの理解を深める。 3．既習の教科の内容を踏まえ，子どもの保育及び保護者への支援について総合的に学ぶ。 4．保育の計画，観察，記録及び自己評価等について具体的に理解する。 5．保育士の業務内容や職業倫理について具体的に学ぶ。	＜目標＞ 1．児童福祉施設等（保育所以外）の役割や機能について実践を通して，理解を深める。 2．家庭と地域の生活実態にふれて，児童家庭福祉及び社会的養護に対する理解をもとに，保護者支援，家庭支援のための知識，技術，判断力を養う。 3．保育士の業務内容や職業倫理について具体的な実践に結びつけて理解する。 4．保育士としての自己の課題を明確化する。

1．施設の役割と機能 　(1) 施設の生活と一日の流れ 　(2) 施設の役割と機能 2．子ども理解 　(1) 子どもの観察とその記録 　(2) 個々の状態に応じた援助やかかわり 3．養護内容・生活環境 　(1) 計画に基づく活動や援助 　(2) 子どもの心身の状態に応じた対応 　(3) 子どもの活動と生活の環境 　(4) 健康管理，安全対策の理解 4．計画と記録 　(1) 支援計画の理解と活用 　(2) 記録に基づく省察・自己評価 5．専門職としての保育士の役割と倫理 　(1) 保育士の業務内容 　(2) 職員間の役割分担や連携 　(3) 保育士の役割と職業倫理	1．児童福祉施設等（保育所以外）の役割と機能 2．施設における支援の実際 　(1) 受容し，共感する態度 　(2) 個人差や生活環境に伴う子どものニーズの 　　　把握と子ども理解 　(3) 個別支援計画の作成と実践 　(4) 子どもの家族への支援と対応 　(5) 多様な専門職との連携 　(6) 地域社会との連携 3．保育士の多様な業務と職業倫理 4．保育士としての自己課題の明確化

（出典：厚生労働省　指定保育士養成施設の指定及び運営の基準より抜粋）

　実習課題とは，「実習で何を学びたいか」である。施設実習は，乳児院や児童養護施設，障害児（者）施設等，様々な施設があり，実習先となる実習施設の種類により，実習課題が異なってくる。まず，実習先の施設の種類を確認しておく。

　次に，実習先の施設について調べる。施設の目的や役割，施設の理念や方針と歴史，働いている専門職の種類，利用児（者）の1日の生活の流れ，設備や環境，現状と課題，さらに施設が力を入れて取り組んでいること等，情報収集を行う。

　以上の内容を把握することで実習内容が見えてくる。実習先の施設ではどのようなことが体験でき，どのようなことが学べるのか，これらを把握することによって実習課題につながってくる。

　実習課題の設定は，先に述べたように「実習で何を学びたいか」である。実習先の施設を調べ，これまでの学びの中から関心をもったことや，その施設だからこそ学べること等を整理し，実習課題を設定する。課題は，実現可能な課題であることが基本となる。また，実習評価票の項目は，実習の学びとして求められている内容が記載されており，実習課題の参考になるので確認してみるのもよい。

2．実習計画

　実習課題を達成するためには，日々の実習計画が重要となってくる。実習計画は，課題を達成するために計画化したものであり，どのような行動が必要なのかをあらかじめ想定し，それを実践することで課題達成につながる。

　よって，実習計画は，実習課題達成の手段であり，実習計画の内容は，一貫性，連続性があり，統一性が重要となる。1日1日の実習計画の達成が，実習課題達成へとつながるように日々計画の立案を行う。

　実習課題もそうであるが，実習施設の理解が不十分であると，実習計画は達成できない。実習先の理解はしっかりと事前学習しておくことが，実習課題・実習計画につながる。

　詳細な実習計画の作成については，第7章を参照のこと。

コラム　2

家族再統合とは

　児童が虐待等の不適切な養育により親等から分離させられ，児童養護施設等の児童福祉施設に入所し，心理療法担当職員による心のケアや家庭支援専門相談員による家族関係の調整等から家族再統合のための支援が行われる。

　家族再統合には広義に2つのタイプがあり，一つは再び家族と生活を共にする生活形態であり，もう一方は家族と生活を共にしないまでも定期的な外泊・面会等で家族の絆を維持する生活形態である。

　なお，家族再統合を検討する際，子どもの最善の利益に立つことが重要である。ここに家族再統合の2つのタイプの事例を掲げる。これらの事例は個人情報の保護に配慮して実際の事例を大幅に変更したものである。

（事例1）

　A君4歳は両親と弟の4人家族であった。

　A君は病弱で病院通いを繰り返していた。診察の際，医師が時折，体に不審な痣（あざ）があることを発見し児童相談所に通告したことで親子分離となった。

　その後，母親は医師や保健師，児童相談所の児童心理司等から個別面接や同じような育児不安を抱えている「親の会」に半年にわたり通所したり，父親や近隣に住む母方祖母の協力があったりして母親の育児ストレスが改善された。そこで，児童相談所は虐待の再発の可能性について検討した結果，A君は家庭引取りが適当と判断し，元の生活を取り戻した。

（事例2）

　B君は小学校時代から父親に身体的虐待を受けていた。父親からの虐待は徐々にエスカレートし，救急車で病院に搬送され入院することになり，病院から児童相談所に通告があり，親子分離することになった。その後，児童相談所は父親との面接やB君との面接・心理診断・行動観察・社会診断等を行い児童養護施設への入所となった。

　施設入所後，家族再統合に向けて，児童相談所の児童福祉司等が父親との面接，B君への心のケアや自立に向けての支援が行われた。父子関係は改善の兆しが見えて父親からは家庭引き取りの希望が出されたが，B君はこれまでの父親からの度重なる身体的虐待を許せないと訴え，引き続き児童養護施設から高校に通うことになった。

　その後，高校卒業に際しても父親はB君の家庭引き取りを再度希望したが，B君は父親との生活を希望しなかったため，子どもの最善の利益を尊重して，父子が別々の生活をするなかで互いの気持ちを思いながら，時折，親子が会うという形態の家族再統合を選択し，施設を退所することになった。

（山田　修三）

第6章

施設実習の実際

第1節　実習の日程（流れ）と日課

　第2章で記述されているように，保育士資格を取得するための実習施設は，いずれの施設もそれぞれのニーズや目的があり，個別的でさまざまである。それぞれの施設は，利用児（者）に対する理念をもち，利用児（者）の最善の利益を保障していくために支援している。

　第1節では，実習の段階をふまえた日程と児童養護施設，乳児院，福祉型および医療型障害児入所施設，母子生活支援施設，情緒障害児短期治療施設，児童発達支援センター，障害者支援施設，障害福祉サービス事業所，児童自立支援施設の日課や内容についてとりあげる。

1．実習の日程（流れ）と段階

　これまでの章で学んできたように施設実習では，実習生が，実際に人間のいのちや尊厳，生きる姿を通して，人間観，保育観，福祉観を育み，人が生きるということの営みや尊厳について学び，人間的な成長の機会を得ることができる。

　実習生は，利用児（者）がよりよい生活を保障していくために，保育士やその他の専門職員（児童指導員，生活支援員，職業指導員，看護職員，心理療法担当職員，家庭支援専門相談員等）がどのように支援しているのかを施設の利用児（者）と出会い，ふれ合い，かかわり合いながら施設における保育士の役割について具体的に学ぶのである。

　厚生労働省による保育士養成課程における実習は，90時間，おおむね10日間（12日間）で実施される場合が多い。

　利用児（者）にとって施設実習は，いきなり実習生という他者が自分の生活の中へ入ってくるものである。同様に実習生にとっても施設実習は，見知らぬ他者の生活へ入るものである。利用児（者）も実習生も，お互いに戸惑い，困惑し，緊張し，実習生は，なにをどうしたらいいのかわからない状況のまま実習に臨んでしまうことがある。

　それゆえ，実習を充実した学びにするためには，各施設の利用児（者）や施設の理念や目的を前もって学習し，実習の日程（流れ）を理解し，取組んでいく必要がある。

①事前訪問（実習施設のオリエンテーション）：施設の現状把握と具体的な実習内容の確認

　　　　　―　学内で学んだ施設の特徴とすり合わせ，施設や実習の方法を学ぶ。
②実習初日：見学および観察中心　―　施設の理念，デイリープログラム，支援方法，
　　　　　　　　　　　　　　　　　　建物の構造，環境，利用児（者）の理解等を学ぶ。
③実習中ごろ：参加実習　―　施設の利用児（者）とかかわり合いながら職員の姿をと
　　　　　　　　　　　　　　おして支援の方法を学ぶ。
④実習後半：部分実習（レクリエーション）　―　施設の利用児（者）のニーズにあわせ
　　　　　　　　　　　　　　　　　　　　　　　て計画する。
⑤実習のまとめ　―　職員から指導・助言を受けながら，実習をふり返る。実習で学ん
　　　　　　　　　　だことや気づいたことをふまえ，自己課題を捉える。
・ほぼ毎日実施すること　―　日々の振り返りをし，明日の実習課題を明確にする。
・②から③のあいだに，養成校教員による訪問指導がある。

２．各施設の日課

　次に各施設の日課（デイリープログラム）の参考例を以下に提示する。各実習施設の
一日の流れを把握し，施設の利用児（者）の行動，実習生の動き等を予測しておくこと
が必要である。

（１）　児童養護施設の日課例

時間	1日の流れ（子どもの動き）	実習生の動き
6：30	起床，身支度	（実習生：30分前に起床）起床，洗面，身支度の声かけ
7：00	朝食	朝食の準備，配膳，食事
8：00	登校・登園	登校・登園の声かけ，見送りまたは登園
8：30	（未就園児がいる場合）保育　（未就園児がいない場合）	保育（職員とともに）　居室の清掃，洗濯，施設環境整備
10：00	（未就園児）	おやつの準備，水分補給
12：00	昼食	昼食準備，配膳，食事
13：00	午睡・自由時間	午睡の支援　余暇時間および実習担当者とミーティング
15：00	午睡おわり　幼稚園児降園	身支度の見守り　降園受け入れ
16：00	下校，宿題，自由時間	下校の受け入れ，学習時間，子どもと一緒に余暇を過ごす

時間	1日の流れ（子どもの動き）	実習生の動き
18：00	夕食	夕食準備，配膳，食事
19：00	入浴，自由時間	入浴の声かけ，支援 子どもと一緒に余暇を過ごす，学習支援
21：00	幼児・小学生就寝	就寝準備，就寝の見守りや支援
23：00	中高生就寝	就寝声かけ

（2） 乳児院の日課例

時間	1日の流れ（子どもの動き）	実習生の動き
7：00	起床，検温，着替え，おむつ交換	起床の声かけ，検温，身支度，おむつ交換 視診
7：30	朝食（授乳・離乳食・幼児食）	朝食の準備，配膳，食事の支援
9：00	戸外遊び，外気浴，日光浴	保育支援
10：00	おやつ，授乳，遊び	おやつの準備，水分補給 保育支援
11：00	昼食（授乳・離乳食・幼児食）	昼食の準備，配膳，食事の支援
12：00	午睡	午睡の援助，環境整備
13：00	授乳	授乳の支援
14：00	午睡終了，おむつ交換，検温	目ざめの支援，おむつ交換，検温
15：00	おやつ，遊び（室内・戸外）	おやつの準備，配膳 保育支援
16：00	入浴，着替え，授乳	入浴や着替えの支援
17：00	夕食（授乳・離乳食・幼児食）	夕食の準備，配膳，食事の支援
18：30	おむつ交換，授乳，遊び	おむつ交換，保育支援
19：00	就寝準備，水分補給	就寝準備，水分補給の支援
20：00	就寝	就寝準備，就寝の見守りや支援

（3） 福祉型障害児入所施設の日課例

時間	1日の流れ（子どもの動き）	実習生の動き
6：30	起床，洗面，排泄，着替え	起床，洗面，排泄，着替えの介助
7：15	朝食	朝食の準備，配膳，食事の支援
8：00	登園，登校（幼児，学童）	登校・登園の声かけ，見送り
9：00	生活訓練，自由遊び等	施設内清掃，職員打ち合わせに参加
12：00	昼食，休憩	昼食の準備，配膳，食事
13：00	昼寝，自由遊び，保育	昼寝の援助，余暇時間
14：30	降園	園児の受け入れ

時間	1日の流れ（子どもの動き）	実習生の動き
15：00	下校	下校の受け入れ，おやつ準備，介助
16：00	宿題，自由時間	学習支援，余暇時間
18：00	夕食	夕食の準備，配膳，食事
19：00	入浴，自由時間，排泄，就寝準備	入浴の声かけ，介助，排泄・着脱の介助 子どもと一緒に余暇を過ごす
20：00	幼児就寝	就寝準備，就寝の見守りや支援
21：00	学童就寝	就寝準備，就寝の見守りや支援

（4）　医療型障害児入所施設の日課例

時間	1日の流れ（子どもの動き）	実習生の動き
7：00	起床，洗面，排泄，着替え	排泄，着脱の介助，健康チェック，検温
7：30	朝食，経管栄養，医療処置 歯磨き，排泄	配膳，食事介助
9：00	通院，訓練，作業	保育，支援
12：00	昼食，経管栄養，医療処置 歯磨き，排泄	昼食の準備，配膳，食事介助
13：30	通院，療育活動，作業	通院の付き添い，支援，施設内清掃
15：00	入浴，水分補給，自由時間，排泄	入浴，水分補給
16：30	自由時間，	子どもと一緒に余暇を過ごす
18：00	夕食，経管栄養，歯磨き 自由時間，排泄	夕食の準備，配膳，食事介助，口腔ケア
19：00	自由時間，排泄，就寝準備	子どもと一緒に余暇を過ごす 実習担当者とミーティング
21：00	投薬，就寝	健康観察，検温，おむつ交換，就寝介助

（5）　母子生活支援施設の日課例

時間	1日の流れ（子どもの動き）	実習生の動き
7：30	子どもの登園および登校 母親の出勤	
9：00		職員ミーティングに参加
9：30		施設内清掃，専門知識について講習
12：00		昼食
13：30		職員ミーティングに参加
15：00	降園，下校，自由時間	園児の迎え，児童の受け入れ 学習支援，子どもと一緒に過ごす
19：00	子ども，母親帰宅	実習担当者と反省会

（6） 情緒障害児短期治療施設の日課例

時間	1日の流れ（子どもの動き）	実習生の動き
7：00	起床，身支度	起床，洗面の見守り
7：30	朝食，身支度	朝食の準備，配膳，食事
8：00	登校	登校支援
9：00	自由時間	職員ミーティングに参加
12：00	昼食	昼食の準備，食事
15：30	下校 個別活動，自由時間	下校受け入れ， 学習支援，子どもと一緒に余暇を過ごす
18：00	夕食	夕食の準備，配膳，食事
19：00	入浴，個別活動，自由時間	入浴の支援
21：00	服薬，学童就寝	服薬の見守り，就寝の見守り
23：00	服薬，中高生就寝	服薬の見守り，就寝の見守り

（7） 児童発達支援センターの日課例

時間	1日の流れ（子どもの動き）	実習生の動き
8：30		送迎，受け入れ準備
9：00		職員ミーティングに参加
9：30	登園	登園受け入れ，子どもの動きを観察
10：00	朝の会	朝の会に支援
10：30	保育，自由遊び，生活訓練	保育，生活訓練へ参加
11：30	排泄，着脱，昼食，歯磨き	介助，昼食の準備，配膳
12：50	保育，自由遊び	子どもと一緒に余暇を過ごす
14：00	帰りの会，降園	帰りの会，降園に参加，支援
15：00		職員ミーティングに参加，実習担当者と反省会 施設内清掃，実習日誌の作成

（8） 障害者支援施設の日課例

時間	1日の流れ（利用者の動き）	実習生の動き
6：30	起床，洗面，排泄，着替え	起床および洗面の声かけ，排泄および着脱の介助
7：30	朝食	朝食の準備，配膳，食事介助
8：30	自由時間	利用者と一緒に余暇を過ごす
9：00	通院，作業や訓練	作業支援
12：00	昼食，休憩	昼食の準備，配膳，食事介助
13：30	外出（散歩や買い物等） 作業，クラブ活動	外出の付き添い，クラブ活動に参加

時間		
17：00	入浴	入浴補助および介助，排泄および着脱の介助
18：00	夕食	夕食の準備，配膳，食事介助
19：00	自由時間 排泄，着替え	利用者と一緒に余暇を過ごす 排泄および着脱の介助
21：30	就寝	就寝の見守り

（9）　障害福祉サービスの日課例

時間	1日の流れ（利用者の動き）	実習生の動き
8：30		送迎，受け入れの準備
9：00		職員ミーティングに参加
9：30	登所	登所の受け入れ， 利用者の健康状態や様子を観察
10：00	朝の集い	朝の集いに参加
10：30	作業	作業の介助および参加
12：30	昼食，休憩	昼食の準備，配膳，食事の見守り
13：00	作業，外出	作業に参加および介助，外出の付き添い
14：30	片付け，清掃	片付け，清掃に参加
15：00	帰りの会，降所	帰りの会に参加，降所の見送り
16：00		職員ミーティングに参加 実習担当者と反省会

（10）　児童自立支援施設の日課例

時間	1日の流れ（子どもの動き）	実習生の動き
6：30	起床，洗面，排泄，着替え	起床および洗面の声かけ，健康観察
7：00	施設内清掃	清掃指導，洗濯
7：30	朝食	朝食の準備，配膳，食事指導
8：00	登校	登校引率
9：00		職員ミーティングに参加 施設内清掃，環境整備
12：00		昼食
15：30	下校	学校と連絡
15：45	クラブ活動	クラブ活動指導
17：00	帰施設，清掃	帰施設確認，清掃指導
18：00	夕食	夕食の準備，配膳，食事
19：00	学習および自由時間	学習指導

19：30	入浴および自由時間	入浴の声かけ，支援 子どもと一緒に余暇を過ごす，学習支援
21：00	一日の振り返り	日記指導等
22：00	就寝	施設内巡回

((1)～⑽の日課例は，各実習種別パンフレット，『教育・保育実習の手引き』を参考に，筆者が作成したものである。）

第2節　実習内容

　施設実習の内容は，施設の機能や役割，施設保育士の業務や役割，利用児（者）の理解，他機関や他職種間の連携等を学ぶことである。施設実習は，各施設によって特徴がさまざまである。次に述べる各施設の実習内容については，第1節にあげた日課例とともに参照するとよい。

（1）　児童養護施設
　児童養護施設では，日々の生活を児童と一緒に過ごしながら，児童の最善の利益を保障するために，児童がよりよい生活が送れるよう，基本的な生活習慣を身につけ，学習の方法や学習の理解ができるように，自立へ向かう過程を支援していく。
　何より，一人一人の子どもを受容し，理解し，家庭的な雰囲気のなかで子ども達と向かい合う。

（2）　乳児院
　乳児院に入所する子どもは，身体発達が著しく，人格形成の基礎が培われる大切な時期である。一人一人の子どもの育ちを理解し，生命の保持，情緒の安定を優先し，日常生活の支援（食事，入浴，排泄，睡眠，沐浴，おむつ交換等）や遊びを通して，穏やかで，健やかな生活が送れるように配慮する。その際，他の専門職（例えば，医師，保健師，臨床心理士等）と連携しながら支援していく。

（3）　福祉型障害児入所施設・医療型障害児入所施設
　主に日常生活の中心である基本的な生活習慣（食事，睡眠，排泄，着脱，清潔）の確立に向けた支援を行う。医療を必要とする場合，障害の特性をふまえ，一人一人の子どもの状況に応じて適切な支援が求められる。

（4） 母子生活支援施設

　母子生活支援施設は，他の諸施設とは異なり，母子世帯の就労や子どもの生活を支援する。主な実習内容は，子どもを中心とした学習支援，余暇活動において一緒にあそぶこと，お楽しみ会等を企画・運営する。

（5） 情緒障害児短期治療施設

　利用児（者）が抱えている障害を理解し，臨床心理士，児童精神科医，看護師，学校教員と連携を取りながら支援する職員に学び，一人一人に適した生活支援や学習支援をする。

（6） 児童発達支援センター

　児童発達支援センターでは，さまざまなニーズをもった子ども達の個々に応じた支援をする。遊びや生活をとおして，子どもを理解し，子どもが，日常生活の支援や集団活動等に適応できるよう支援する。

（7） 障害者支援施設

　障害者が，生きがいをもって日々の生活を送ることができるように，コミュニケーションをとりながら，生活習慣の支援や，作業の支援を行う。利用者の生活の質（QOL）が向上できるよう配慮し，支援する。

（8） 障害福祉サービス事業所

　作業や就労を通して，自分らしく活躍できるように支援する。障害者の個別のニーズに配慮し，環境に気を配りながら，作業・仕事に生きがいがもてるように一緒に活動しながら支援する。

（9） 児童自立支援施設

　児童自立支援施設では，生活指導および職業指導が行われる。すべての児童が，適性や能力に応じて，自立した社会人として社会生活を営むことができるように支援していくのである。子どもの基本的な生活の充実のために環境を整備したり，心身の回復が目指されるよう配慮し支援する。

第3節　自分を知るために

　実習を終えた学生からは，「自分がどんな存在かわからなくなった」「客観的に自分の性格等に気付けた」といった両極の声が聞こえてくる。

　施設実習では，多種多様な生育歴や障害を抱えた，0歳から60歳代ぐらいの人と出会い，共に生活しながら支援することを経験する。これまでの人生では経験したことがないような，厳しい場面や辛い場面に遭遇することもある。また，利用児（者）が1つの作業をやり抜き自信に満ちた笑顔に感動することもある。学内では得られない実践的な知識や対応を利用児（者）のかかわりを通じて学び，これまでとは違った感覚や理解を得る。

　「個々には『障害』のために『自意識』や『意識』が育たないこともあるだろう。だが重い障害のある人とのあいだで，人類が経験してきた『協力・分配』がなされ，『共感』することにこそ人間の特質があり，協力する人も，される人も人間として存在し，それぞれに人間的な『こころ』が成熟していくのであろう。」[1]

　と，高谷が述べているように，施設実習では，人間の「協力・分配」「共感」といった人間の特質を体感できる。ヒトが人間として，尊い存在として生きる姿に直面することで，「いのち」や「生きる」ことと対峙し，考える機会となる。それは，保育士としての専門性をもつ上での最も大切な基盤となる。

　同時に自分の生活についての捉え方，考え方，生き方が違った角度で見えてくる。実習生は，さまざまな生き方をもつ他者とかかわり合うことで，ふり返り，自問自答する機会を得て，「人間的な『こころ』が成熟し」自分が，「人間として存在」することを学んでほしいものである。

1）『重い障害を生きるということ』（2011），102頁

第7章

実習計画の作成

第1節　実習計画とは

　自らの実習をより実りあるものとするために，事前学習の一環として実習計画を立てる。実習生にとっておおむね10日間という日程は長いように感じられるが，その施設で生活をしている利用児（者）と共に生活を送りながら，実習をするとあっという間に10日間は過ぎてしまう。

　また，宿泊や生活施設での実習は初めての経験であるがために，不安を感じたり，これまで学習してきた内容と現実のギャップに戸惑ったりすることも多くあるように思う。

　このような中で，自らがこの実習で「何を学び」「何を得ようとする」のかを事前にしっかりと考えておくことの意味合いは大きい。

　また，実習先の概要や利用児（者）の置かれている状況，職員の様子等，事前に学習することなしには実習計画を立てることはできない。つまり，実習計画を立てることこそが，実習施設の事前理解につながっているのである。

　養成校によっては学校が実習先の割り振りを行うため，必ずしも自身の希望種別の実習先が割り当てられるとは限らない。自分の興味関心のみをベースとして実習に臨むのではなく，保育士が非常に幅広い職域での活躍が期待されていることとその意味をしっかりと理解するためにも，様々な施設での実習を前向きに捉えチャレンジしてほしい。

　保育実習における施設実習では，利用児（者）の権利や生活，命を守る最前線であることを意識することが求められる。その上で，それぞれの各実習施設の特徴や社会で担う役割についてもしっかりと理解しておく必要がある。施設実習の実習計画を立てることによって，各実習施設の持つ役割について理解を深める一つの契機にしてほしい。

　保育士は「内省的実践家」として，その専門性の向上を求められるようになっている[1]。日常の業務においても，PDCAサイクル（Plan→Do→Check→Act，計画→実行→評価→改善）を念頭に置いた実践が求められるようになっている。

　この様に専門職として，保育士が自身の職務に計画的に当たることが求められている観点からも，実習生が実習事前指導の中で実際に実習計画を立て，実習先で実践し，ま

1）『保育士養成資料集　第44号』（2006），137-142頁

た振り返りを自ら行う事の大切さが理解できる。

第2節　実習計画の構成

　施設実習計画の立案は，主に実習全体を通して学びたいこと，獲得したいことといった「目標」を検討することから始まる。

　その為の実習計画の構成として必要な要素を考えると，以下のような要素が必要となるだろう。

　まず，実習生としての取り組みや社会人としてのマナーについて理解し，実習期間中にどのような目標を持ち，実践するかということである。この項目に関しては，校内で行われる実習事前指導やオリエンテーション内で多くの注意事項として指導を受けている部分であると思われる。

　もちろん，目標として掲げる内容としてはあまりにも当たり前のこと，例えば「遅刻をしない」や「提出物をきちんと出す」といった項目ばかりを目標として掲げることは避けた方がよい。あまりにも実習に臨む課題意識が低く感じられる場合，「一体，この実習生は何をしに来ているのだろうか」「あまりにも実習に対する目標が低すぎる，当たり前のことを書いていて大丈夫だろうか」「事前に施設のことをしっかりと学習し，理解しているのだろうか」という思いを実習先に与えてしまう可能性がある。

　もちろん，これらの項目をないがしろにしてよいわけではない。実習に出る前提として，最低限のマナーについては既に身に付けておく必要があり，実習先においても常に意識をしていく必要がある。

　それでは，どのような視点から実習の目標を立てていけばよいのだろうか。以下にその一例を示す。

1）実習全体を通じて，学習したい事柄（視点）についての検討

　まずは，自身がこの実習で何を学習したいと考えているのか検討する必要がある。以下に検討するための視点の例を挙げる。

【視点1：利用児（者）とのかかわり】

　施設に暮らす利用児（者）とどのようにかかわり，そこから何を理解し，学びたいと考えているのか。

【視点2：職員とのかかわり】

　施設に働く職員とどのようにかかわり，何を学び取りたいのか。

【視点3：施設の事業理解】

法律等によって，実習施設が求められている事業内容や役割についてその実際をどのように学ぶのか。実習を行う各施設はそれぞれ，児童福祉法や社会福祉法といった法的根拠を基に設置され，目的を持って運営されている。事前の準備として，その根拠法や規定されている事業を理解することが必要である。その上で，現場でどの様に日々の支援が実践され，職員が利用児（者）とかかわっているかを理解する必要がある。

【視点４：職員と利用児（者）とのかかわり】

　日常から生活支援に取り組んでいる職員と利用児（者）とのかかわりから，その方法や配慮事項について学ぶ。

【視点５：実習生としての行動】

　実習期間中，現場での学習をさせて頂くにあたり，実習生としての心構えや自らの行動について考える。

【視点６：施設の地域における事業】

　施設が位置する地域の中で，どの様な役割を求められているか，また地域と協働しどの様な事業が展開されているかについて知る。

【視点７：他機関との連携】

　施設では利用児（者）への支援を行っているが，施設内だけで支援が完結する事はほとんど無い。利用児（者）がよりよい生活を送るためには，学校との連携，また行政機関との連携，病院との連携等，他機関との連携が重要となる。

【視点８：施設で働く他職種とその役割の理解】

　この施設実習は保育士資格取得に必修とされている実習である。しかし，施設では利用児（者）の生活を支援するために，様々な職種の職員が働いている。それぞれの職員がどの様に利用児（者）の生活支援にかかわっているかを知ることも重要である。

【視点９：施設内でのチーム労働，連携について】

　前述のように，施設では多様な職種の職員が働いている。その中で利用児（者）の支援を行うために，それぞれが自身の役割を果たしながら，また連携をとりながら仕事にあたっている。朝夕の引き継ぎや何かあった際の職種間連携について学習する。

【視点10：職員の勤務形態の理解】

　入所施設は365日，24時間運営されている事から，勤務シフトの多様性を理解することや引き継ぎの大切さ等を学ぶことができる。また，勤務シフトの組み方についても利用児（者）の生活リズムを考慮している等，その意味を知ることができる。

【視点11：利用児（者）への理解】

　障害児（者）施設で支援を受けている利用児（者）はそれぞれ何らかの障害を持っている。また，それに伴い疾患等を合併していることもある。乳児院や児童養護施設で支

援を受けている6割の子ども達が虐待を受けているといわれている[2]。

このように、その施設で生活する利用児（者）に対する深い理解が生活支援には必要となる。

【視点12：利用児（者）のニーズ理解】

施設で生活をしている利用児（者）はそれぞれのニーズを持っている。学校へ行き、教育を受ける。アルバイトを行い、自立を目指す。自らの障害と共に生き、自立するための訓練や仕事を行う。それぞれのニーズに合わせて、どの様な援助が施設で行われているかを理解する必要がある。

2）実習時期毎の目途を考える

施設実習では、最低でも10日間の実習期間が求められている。

そのために、その限られた10日間を「前期→中期→後期」と区切り、それぞれの期間の中で達成すべき課題と目標を設定するように心がけてほしい。ここでは目安として、前期を3日間、中期を4日間、後期を3日間として考えることとする。

また、単純に時期を区切るだけでなく、大きな目標を達成するために、前期には何を、中期には何をと段階を経て、最終的な目標が達成できるよう計画を立てるようにする。

3）目標を達成するための具体的な活動を検討する

実際に実習計画を立てる上で大切なのは「具体的な行動」である。例えばわかりやすい例として「利用児（者）と仲良くなる」という目標を立てたとする。もちろん前期の段階で、いきなり利用児（者）と仲良くなることは考えられない。「仲良くなる」ためには、一体どの時期に何が必要なのかを具体的に考え、行動に移していくことが求められる。

4）多くの目標の中で、これだけは何があっても達成しようという目標を決める

利用児（者）とのかかわりや施設理解、また職員と利用児（者）とのかかわり等について、理解を深めたいことや習得したい技能等、目標は多く挙げられると思う。

また、それ以外に自身の目標としてやり遂げたいと考えることも重要である。

もともと実習生の心構えとして持っていて当然であるという内容がここには含まれるかもしれない。その為、実習生として持っていて当たり前の心構えを実習目標として、

2）厚生労働省「社会的養護の現状について（参考資料）平成26年3月等によって、乳児院では32.3％の子どもが、又児童養護施設においては53.4％の子どもが入所児のうち、虐待を受けていると報告されている。
（http://www.mhlw.go.jp/bunya/kodomo/syakaiteki_yougo/dl/yougo_genjou_01.pdf）

設定する理由を明確に説明できるように工夫する必要がある。

以下のような例が，各種実習先共通の目標として考えられる。

①体調管理について

施設実習は宿泊を伴って実施されることが多い。前述のように施設実習期間はおおむね10日間以上設定されている。その為，長期間に渡り，宿泊をすることとなる。これほどの期間にわたって，自宅を離れる経験そのものが初めてだという実習生が大半であろう。また，数人のグループで実習に行くことも多々あり，家族以外の者と長期間共に生活をする体験をすることとなる。

ただでさえ，初めての施設実習であるということや初めての環境で緊張をしている中で，長期間の宿泊を伴うこともあり，結果的に体調を崩すことも少なくない。

体調を崩してしまっては，実習を最後までやり遂げることが困難となる。しっかりと体調を整え，健康に実習期間を過ごすことは何より大切なことである。

②衛生管理について

実習先が入所型施設であることが多く，実習生自身の衛生管理には最善の注意を払う必要がある。実習生自身の手洗い・うがい・消毒の慣行や利用児（者）の排泄物や吐瀉物の取扱等，各施設で定められた手順を用いて，適切に対応する必要がある。

衛生管理への配慮は自身の健康管理にとって重要であると同時に，各種入所型施設が集団で生活をしている施設であることから，感染症やその他の疾病等が広まりやすいことを意識する必要がある。その為，衛生管理には最大限の配慮が必要となる。

乳児院では病気に対する抵抗力の弱い乳児が多くいる。さらに障害児（者）施設においても様々な理由から感染症等にかかりやすい利用児（者）がいることもある。

以上のことから衛生管理は実習生が留意すべき基本的な事柄であると同時に，施設に入所する利用児（者）の基本的な理解と配慮にもつながっていることを認識してほしい。

③コミュニケーションについて

実習期間中，利用児（者）をはじめ，いろんな方々とコミュニケーションをとる必要が出てくる。特に，障害児（者）施設においては言葉によるコミュニケーションが困難な利用児（者）がいることも考えられる。もちろん，言葉が出始める前の乳児においても同様のことがいえる。

その中で，様々な手段を用いてコミュニケーションをとることの大切さ，コミュニケーションを通して他者とわかり合おうとすることの大切さについても学んでほしい。

④実習生としての態度について

最後に，実習生としての態度である。実習先は対応が困難な様々なケースを抱える中で，実習を受けている。そこには「自分達の後進を育てる必要がある」と考える故に，

多忙な業務の中でも指導を行っているのである。実習へ向かう前提として，その事を忘れてはいけない。だからこそ，この10日間という短い時間の中で，実習で自らできることに精一杯取り組み，また謙虚な気持ちを持って指導を受けていく必要がある。

第3節　実習計画の留意点

この節では実習計画を立てる際の留意点について示していく。

1）実習先の施設種別や利用児（者）が持つ正確なニーズを把握しているか

実習事前指導や社会福祉，社会的養護といった授業の中で施設種別毎に担っている社会的役割について，理解をしておく必要がある。根拠法は何か，また条文に書かれている施設の役割は何かといった事柄である。また，その施設を利用する利用児（者）のニーズを正確に理解しておく必要がある。

2）実習先の養護方針や支援方針を理解した上で計画を立てているか

それぞれの施設には養護方針，支援方針がある。基本的にはどの施設もそれぞれの根拠法が基となり，該当する施設の養護・支援方針は決定されている。また，その方針はさらに施設の歴史や設立の経緯等によって作られており，施設毎の特徴となっている。このようにして決定されている養護・支援方針が職員の日々の援助・支援活動の基盤となっている。実習計画を立てる上で，根拠法によって定められた施設の役割に合わせて，各施設の歴史を理解し，その上で実践されている養護・支援方針を理解しておく必要がある。

3）概念的な計画ばかりになっていないか

実習計画を立てる上で大切なことは実習中の「具体的な行動」にどのようにつなげていくか，ということである。例えば，施設の役割理解について「施設の役割を知る」という大きな概念的な計画を立てていると，実習期間中に具体的に何をすれば良いのか，どの様な観点で物事を見れば良いのかが分からなくなってしまう。

細かく具体的な行動を思い浮かべられるような実習計画を立てることを心がけたい。

4）できそうもないことが書かれていないか

上記の「概念的な計画ばかりになっていないか」と重複することもあるが，時々「利用児（者）の自立を支援する」というような計画を立てようとする人がいる。確かに施

設の求められる役割として，様々な側面からの自立を支援することは重要である。しかしながら，今までかかわりもない，また初めて施設で実習をさせて頂く実習生がいきなり「利用児（者）の自立を支援する」ことが可能であるだろうか。実習施設の職員は，長い間時間をかけて利用児（者）との関係を構築しながら，自立に向けての支援を行っている。このことをしっかりと念頭に置いて，実習期間中に実習生という立場で実現できる実習計画を立てることが望ましい。

　しっかりと計画を立て，大きな目標を持つことは大切だと思うが，独りよがりの実習計画になっていないか一度確認をしてほしい。

５）実習生として，当たり前にできることばかりが目標に掲げられていないか

　実習に行かせて頂くということは，これから保育士を目指して現場で学習させて頂く「学習者」としての側面と，現場という社会に出て行く「社会人」としての側面がある。

　もちろん，両面ともまだまだ未熟でできない部分も多くあると思われるが，社会人としてのマナーを守ることについては，しっかりと心がけを持つことでできることは多い。従って，社会人としての当たり前の取り組みばかりを実習の目標や計画として立てているものは目標として望ましいとはいえない。

６）実習時期とその時期に目標としている内容とが，一致しているか

　実習計画を立てるにおいて「前期」「中期」「後期」と実習期間を３つに分けてそれぞれの課題を立てることを提案した。

　実習時期と目標がそれぞれ対応しているかを確認する必要がある。例えば，利用児（者）とのコミュニケーションに関する項目について，実習計画を立てたとする。前期に「担当する利用児（者）の名前を早く覚え，名前で呼べるようにする」，中期に「利用児（者）に積極的に声かけをし，こちらから話しかけるようにする」，後期に「利用児（者）の状況に合わせて，必要な声かけをし，必要な場合にはアドバイスを行う」といった中身である。

　これが，実習後期に「名前を覚えて，名前で呼ぶようにする」というような目標になっていないか，事前に検討しておく必要がある。

　また実習に入る前に，少なくとも現場でなくても実践・学習できるような目標を計画として立てないように留意したい。

　例えば，児童養護施設に実習へ行くのに「児童養護施設の法的に求められている役割について学ぶ」といった中身である。これについては，事前指導や事前オリエンテーションで学習しておくべき，準備しておくべき中身でもある。これが「児童養護施設の役割

について，利用児（者）の生活の実情を踏まえて理解する」等現場でなければ学べない内容になっているか，確認をしておく必要がある。

第4節　実習計画案の実際例

　本節ではこれまでの実習計画の立て方にならって，実習施設毎の例を提示する。

1．児童養護施設での実習計画例

＜実習計画の立案のポイント＞
　　・利用児（者）にとっては「生活の場」であり，「家」であることをしっかりと理解する。
　　・利用児(者)の年齢は2歳～18歳となっており（延長され20歳となるケースもある。），幅広い年齢層の利用児（者）が在籍している。
　　・年齢に応じて，身辺自立のための生活支援，学習支援や施設を退所した後の自立を目指した支援等，様々な支援があることを理解しておく必要がある。
　　・児童虐待について基本的な理解とその対応について学ぶ必要がある。
　　・「家族の再統合」を目指して施設でどのような取り組みが行われているかを知る。

（実習計画例）

実習の目標	・児童養護施設で行われている，それぞれの子どものニーズに合わせた援助の内容や方法を理解する。 ・家族の再統合を目指す，または入所児の自立を目指して，他職種や他機関との連携等，保育士の仕事の実際を知る。
前期	・年齢毎の日課の流れを把握し，職員の動きと子どもとのかかわりについて知る。 ・子どもの名前を早く覚え，コミュニケーションを図れるようにする。
中期	・子ども一人一人の生活に沿った支援ができるように，職員と子どもとのかかわりを知る。 ・職員それぞれが役割を持って，家庭や子ども，関係機関と連携を図っている様子を知る。
後期	・子ども一人一人の日課，ニーズに合わせた生活支援を行う。 ・家族の再統合，自立を含めた施設のリービングケア[3]の実際を知る。

3）リービングケア（leaving care）とは，入所児が施設を退所する際の「退所準備ケア」と呼べるものである。

2．乳児院での実習計画例

＜実習計画の立案のポイント＞

・乳児が中心の入所施設であるため，愛着の形成や基本的生活習慣の確立や衛生・健康管理が重要となってくる。

・乳児の生活リズムを整えることと，職員のシフト等の構築にどの様な工夫がなされているかを知る。

・里親相談支援員[4]等，乳児院において家庭的養護を支援する職員の役割と実際を理解する。

（実習計画例）

実習の目標	・入所児の基本的生活習慣確立のために，職員がどのように子どもとかかわり，配慮を行っているかその実際を知る。 ・乳児院で行われている家庭支援について，実際にどのような取り組みが行われているのかを知る。
前期	・特に担当しているグループ等の入所児について，生活リズムとリズムに応じた生活支援について職員の援助の実際を見ながら理解をする。 ・保育士以外の他職種の職員が施設でどのような職務に当たっているか，その実際を知る。
中期	・入所児全体の生活の流れ，入所児それぞれの発達やニーズについて理解し，個々のニーズに応じた支援がどのように行われているかを知る。 ・乳児院で実施されている家庭支援の取り組みや里親支援の取り組みについて理解を深める。
後期	・入所児個々の生活リズムや発達を理解し，適切な生活支援ができるようになる。 ・乳児院と他機関との連携について，その実際を知る。

3．母子生活支援施設での実習計画例

＜実習計画の立案のポイント＞

・DV（ドメスティック・バイオレンス）[5]に関する正しい知識と理解を持つ。

・施設において保育士がどの様な役割を担っているか。

4）里親専門相談員は里親支援を行う児童養護施設や乳児院に配置され，里親の新規開拓や里親委託の推進等をその業務内容としている。また家庭支援専門相談員（ファミリーソーシャルワーカー）も早期家庭復帰のための支援や里親委託の推進を担っている。

5）ドメスティック・バイオレンスは家族間で行われる身体的，精神的虐待等を呼んでおり，配偶者等に対して行われる様々な暴力のことである。近年，子どもの目の前で行われるDVを「面前DV」と呼び，児童虐待につながるものとして取り上げられることもある。

・経済的自立を目指す母親に対して，どの様な支援を行っているのか。
・各母子世帯の自立性と独自性を尊重した上で，施設としてどの様な支援を行っているのか。

（実習計画例）

実習の目標	・各母子世帯が抱える問題と施設で行われる支援の実際を知る。 ・母子に対する支援について，各職種の連携やその個別性について理解する。 ・入所世帯に対する安全確保について，どのような配慮が行われているかを知る。
前期	・施設に入所する世帯について，個人情報保護の観点に十分留意しながら理解する。 ・母子生活支援施設の一日の流れについて，体験的に学習する。
中期	・各世帯のニーズに応じて，保育士がどのようにかかわり，支援をしているかその実際を知る。 ・施設で生活をする子どもの日課を知り，職員のかかわり方から支援の方法を知る。
後期	・入所世帯に対して，保育士以外の他職種の職員がどのような支援を行っているかを知る。 ・入所世帯の自立を目指しての取り組みや，関係機関との連携についてその実際を知る。

4．障害者施設での実習計画例
＜実習計画の立案のポイント＞
・障害に対する理解と対応について学習しておく必要がある。
・利用者のニーズに応じた生活支援や自立支援，就労支援等が実施されている。
・重複障害や各種疾病への対応を必要とする利用者もいる。
・利用者のプライバシー保護やアドボカシー（権利擁護）[6]について理解する。
・利用者が持つ障害と生活年齢に応じた援助の実際について理解する。
・利用者と家族のかかわりについて，施設がどのような取り組みを行っているかを知る。

6）アドボカシー（advocacy）は何らかの理由によって自身の意見表明が困難な場合等に，相手の立場に立って，権利を擁護し，代弁・代理機能を果たすことをいう。

（実習計画例）

実習の目標	・利用者それぞれの持つ障害に応じて，どのような生活支援や訓練等が行われているかその実際を知る。 ・利用者のQOL（Quality Of Life 生活の質）の向上を目指して，職員がどのような支援を行っているかを知る。
前期	・実習施設の日課と職員の生活支援について，体験的に学習する。 ・担当グループの利用者の名前や個別ニーズ（障害や疾病等）について，しっかりと理解し，そのニーズに応じた支援ができるよう職員の動きを見て学ぶ。
中期	・利用者に応じたコミュニケーションの取り方について，自身の考察を踏まえながら実際のかかわりの中で学習する。 ・利用者と共に生活，訓練，作業を行いながら，そのニーズに合わせた支援ができるよう工夫をする。
後期	・利用者と積極的にコミュニケーションをとり，利用者の自立とは何かについて考える。 ・施設の地域における役割や利用者が地域で働くために，職員が行っている関係機関との連携や地域における取り組みの意味について知る。

５．障害児施設での実習計画例

　＜実習計画の立案のポイント＞

　　・障害に対する理解と対応について学習しておく必要がある。

　　・利用児（者）の持つ障害と生活年齢に応じた身辺自立支援や基本的生活習慣の確立が求められている。

　　・それぞれ，特別支援学校等への通学を行いながら，生活面・学習面での支援を施設でどのように受けているかを理解する。

（実習計画例）

実習の目標	・利用児（者）の基本的生活習慣の確立や学習指導をニーズに合わせてどのように実施されているかを知る。 ・利用児（者）の生活支援を行いながら，必要に応じてどのように家庭や学校，地域と連携をしているかについて知る。
前期	・利用児（者）の名前や個別ニーズ（障害や疾病等）について，しっかりと理解した上で職員の援助を見て学ぶ。 ・一日の流れと，その場面に応じた支援について体験的に理解する。

中期	・利用児（者）のニーズに合わせた援助ができるよう，コミュニケーションを図りながら自分なりに工夫を重ねてみる。 ・日課の中で，他機関との連携や地域における活動等，職員がどのような役割を果たしているかについて知る。
後期	・施設で実施されている生活支援や訓練，学習支援等，利用児（者）の自立を目指した取り組みがどのような支援計画に基づいて実施されているかを体験的に学習する。 ・施設で実施されている家庭支援や自立支援について，施設の果たす社会的役割を踏まえて理解をする。

第8章

実習記録の書き方

第1節　実習記録の目的

1．実習記録とは

　実習記録は，おおむね10日間の実習における学びを，一日一日振り返り学びをまとめ記録することにある。自分自身の学びを整理して記録することで，より施設における実習の意味や意義を理解することができる。記録を提出し，指導を受けることで，施設の機能や役割についても正しく理解できる機会となる。幼稚園や保育所・認定こども園で実習するより，利用児（者）との生活を共にする時間は長く，生活における利用児（者）の実態に寄り添った支援を学ぶことができる。それを自分の学びとして記録することは，日々の実習において重要である。記録の重要性はどの実習においても同様である。

2．実習記録の目的

1）学びを生かす記録

　養成校で学んだ理論や演習を，実際の保育現場で確認するためにも記録が大切である。記録から，理論と実践を融合していく過程が，実習記録において見えてくるとその学びが生かされた記録となる。次の日，次の実習への意欲に代え，課題に対して取り組むことがより専門性を身につけることになる。実習体験の記録こそが大切である。記録がないと振り返ることも反省・課題も見えない。実践の場における学びこそ記録にあると言っても過言ではない。

2）施設の機能と役割の理解

　専門的な指導体制の中での学びをしっかりと身につける。実習中では予想しないことへの対応や，人間的なモラルを求められることも場面によってはある。実習の記録からは，実習の中でも一人の人間として大きく成長がみられる。普段体験しないことへの抵抗を乗り越えてこそ実践実習の意義が大きい。一日一日を丁寧に振り返り，自分自身の実習態度も記録することで気づき，反省もする。保育士としての役割についての重要性を記録からも認識することができる。

3）利用児（者）の理解

　施設実習では，利用児（者）をよりよく理解することが必要である。利用児（者）の日常生活への介助・援助，生活指導，余暇活動支援，学習支援，保健指導等，日常生活の維持と心身の発達にかかわる内容が職務内容にある。記録には，なかなか個人的な支援について記録しにくいところもあるが，利用児（者）を短期間で理解していくためには，身近に生活を共にする記録から振り返り，分析し，次の支援の方法を探ることで，より実習の効果が期待できる。

4）保育士としての専門性を持つ機会

　施設実習を経験すると，保育士の職務について奥深いものを体験することになる。理論では理解したつもりが，実際には利用児（者）との支援・援助においては思うようにならないことも経験するだろう。そこに疑問・課題・反省を記録することで，正しい理解につながる学びがある。

　保育士としての専門性や求められる人間性を実感すると自分が小さく見えてくるだろう。養成校でもっと深く専門性を身につけていく必要を実習から学ぶ学生も多い。改めて保育士の支援の対象は0歳から18歳，現状は18歳を超えている利用者も多くなっている現実を理解することになる。より複雑で奥深い専門性を有する必要性を学ぶのである。

5）社会に意欲的に取り組む必要を感じる記録

　実習を通してそこに働く施設職員とも生活を共にするのである。衣食住を共にすることで，より親密にもなる。施設職員の仕事ぶりを見て，尊敬の念を抱くであろう。自分にはできないことを手際よく，明るく，対応する姿や，意欲的に取り組む姿勢に出会うことも，実習体験の意義として大きい。今までの人生で出会えない施設職員の影響も大きい。学生自身の将来への夢が変わる体験ともなることがある。

6）地域における施設の役割についての理解

　実習を通して，施設の役割や社会的責任について理解していく。施設は，地域社会とのつながりが強く，ボランティアとして様々な形で協力している方々に接することもある。地域における施設の役割の大きさをさらに認識し，自分の生活の小ささをも知る機会ともなる。それらの記録を通して細かな気づきが伝わってくる。よって，地域における施設の役割について理解したことを，記録に残していくことが大切である。

第2節　実習記録の内容

　実習記録は日々の実習の記録である。多くの養成校では，一日分の日誌を切り離して提出できる用紙もあるので，「実習生の氏名」を記入する欄があることが多い。この他，日々の実習記録は，「日付」「天候」「担当部署（実習に入った部屋やクラス）」「本日のねらい」「主な実習の活動」「時間」「利用児（者）の活動」「指導者の配慮や支援」「実習生の活動」「気づき」「実習の反省・感想」「明日の課題」「指導者の助言」等の内容から構成されている。「日時」「天候」「担当部署」以外の内容を以下に説明する。

1）「本日のねらい」

　本日のねらいは，実習生が実習日に達成することを目的とした具体的なねらいである。実習生によっては，施設側のねらいであると誤解してしまい，担当者に「本日のねらいを教えてください」と尋ねてしまう者もいる。幼稚園や保育所では，日々の指導計画を立案し，ねらいを設定しているので，上記の実習で質問しているためにこのような誤解が生まれやすい。本日のねらいは，施設の役割や施設の職員の業務の内容であり，昨日の実習記録の反省の際に課題となったものを設定することが好ましい。

2）「主な実習の活動」

　主な実習の活動は，実習記録をする当日の利用児（者）が行う主な活動の中で，実習生が本日のねらいと設定したものが達成できる活動を記入する。また，前日の実習日の反省から「明日の課題」として設定したものに関連する活動を記入するとよい。つまり，本日のねらいは，主な実習の活動を考慮して設定したり，本日のねらいを達成する為に特に留意して参加したい実習の活動を記入することが大切であり，実習記録の各項目が関連していることを意識して記録することが大切である。

3）「利用児（者）の活動」及び「指導者の配慮や支援」及び「実習生の活動」及び「気づき」

　施設の利用児（者）の一日の生活の流れに沿って記入することが原則である。しかし，施設では，利用児達が学校等に行き，施設に不在となる時間がある。この時間に施設保育士としての業務を実習生が担当する場合は，「利用児（者）の活動」の欄は記入せず，「実習生の活動」と「気づき」の項目のみ実習記録を記入する。また，実習当日や最終日等，施設の利用児（者）と全くかかわらず，施設長等からの講話等をうかがう時間も，

「利用児（者）の活動」の項目には記入せず,「実習生の活動」と「気づき」のみ記入する。

「指導者の配慮や支援」には,利用児（者）が活動を充実させるために担当指導者が行っている言葉がけや配慮を記入する。この際,ただ表面的な指導者の言動を記録するのではない。「○○の為に,□□されていた」とのように,指導者の言動の理由を考え,反省会の際に確認等を行うことが大切である。特に,「本日のねらい」に深くかかわる指導者の言動は,必ず質問したり尋ねたりすることを忘れてはいけない。

「実習生の活動」は,養成校によっては,前述した「指導者の配慮や支援」と同じ欄に記入することもある。その場合は,「◇指導者」「■実習生」と文章の前に誰の言動なのかがわかるように記入方法を工夫するとわかりやすい。実習記録は,実習生がわかればよいのではなく,指導者等から後日,内容を確認してもらい,指導していただくために,第三者からもわかりやすく記入することが求められる。

「気づき」は,「利用児（者）の活動」「指導者の配慮や支援」「実習生の活動」を通して,気づいたことや学んだことを記入する。その際,忘れてはならないのは,「本日のねらい」である。実習生は設定した「本日のねらい」を達成する為に具体的にはどのような配慮や支援が必要で,利用児（者）は,その配慮や支援によってどのように変わったのかに気づくことが大切である。更に利用児（者）は,個人差が大きい。つまり,同じ言葉がけや指導方法では,利用児（者）に理解してもらえないことがある。このために指導者は,どのような工夫をしているのかに気づくことが実習のねらいである。しかし,実習生が指導者と同じ言葉がけでは利用児（者）が聞いてくれないことがある。この理由はなぜか。信頼関係の不足なのか,利用児（者）の意識が向いていない時に,実習生が話したからなのか。実習生の声そのものが小さくて聞きにくかったのか。振り返る点は多くある。つまり,実習生が自分の姿に気づいたことを記録する項目でもある。

4）「実習の反省・感想」及び「明日の課題」

1日の実習記録を振りかえり,「本日のねらい」が達成できたのか,新しく学んだこと等を記入するのが「実習の反省・感想」である。特に,指導者から助言された内容は必ず記入することを忘れてはならない。この内容を未記入であると担当指導者は実習生が指導内容を理解していないのではと判断することにもつながる。「実習の反省・感想」の内容を踏まえて,自分の課題を見出し,さらに,翌日の「主な実習の活動」を踏まえて,「明日の課題」を記入するのである。実習記録は「本日のねらい」から「明日の課題」までが密接につながっているのである。

第3節　実習記録文章の基本

1．実習記録文章の基本

1）利用児（者），指導者，実習生の3つの観点

　実習記録は，1日の流れに沿った主な活動を記録することが基本である。なお1日の体験を整理する場合，「利用児（者）のこと」「指導者のこと」「実習生のこと」の3つに分類する観点を持つと実習記録をまとめる際に，多角的に1日の活動を捉えることができる。理由は，実習生はつい指導者の言動のみを記録しがちであるからだ。利用児（者）は，自分の思いをすべて言語化してくれることはない。時に表情から思いに気づき，代弁し，共感するのが施設保育士の大切な役割である。しかし，利用児（者）の内面への理解が実習生には難しい。また自分を客観的に見ることも難しい。だからこそ，3つの観点を意識することで実習記録が充実した学びの内容となるのである。

2）実習のねらいにそった視点を決めて書く（その日の課題との関連）

　本日の実習のねらいや課題との関連で最も印象的な事柄を2～3取り上げ，その活動，利用児（者）や指導者の行動をよく観察して書く。そして，その事実の意味を「どう考えた」のか考察する。その際，単なる事実の羅列にならないようにする。1日の記録が長くなりすぎないように注意する。必要に応じて，絵や図を書くことに留意する。

3）全体を通じて，読む人が読みやすいように書く

　実習記録は，第三者が実習内容を理解できることが求められる。また，養成校に提出する重要な資料の1つであるので，日誌は鉛筆書きではなく，黒ペン書きをし，誤字・脱字に注意し，字は適当な大きさで記入する。また，具体的な事実（利用児（者）や保育士の行動）と，それに対する自分の考え（考察）を書き，それらの関係を明確にするために，アンダーラインを引いたり，番号で関係づけたりするとわかりやすい。

4）利用児（者）の名前の記入方法

　利用児（者）の様子を実習記録に書く際，個人情報保護の観点から実名は使用しないことが多い。利用児（者）の名前の記入方法は施設によって異なるので，オリエンテーションの際に確認する。

5）訂正方法

　実習記録の記入を誤った場合，修正ペンや修正テープを使用してよい施設もあるが，二重線を引いて訂正印を押す場合等もあるので，養成校の指導教員と指導者に確認をする。必要に応じて，全文書の書き直しとなることもあるので，予備の記録用紙を準備しておくとよい。

２．実習記録文章の三つの型

　実習日誌の具体的な書き方は主として３通りある。

1）活動項目羅列型

　１日の活動の流れ全体を大まかに把握するのには，事実を簡潔に記録するだけでも意味がある。しかし，指導者の助言例にもあるように，実習期間中の記録がすべてこの形では，何を学ぼうとしているのかがわからない。

2）事実網羅型

　利用児（者）と施設職員とのやりとりを丁寧に観察し，記録する力も求められるが，書く内容が整理されていないと，いくら時間をかけて書いたとしても，結果的に何が学べたのかがわかりにくくなってしまう。

3）課題明確型

　１日の活動の流れが理解できたら，その日の課題（自由遊びについて，けんかへの対応等）や指導実習等に向けて学びたいこと（食事場面で施設職員の援助について等），視点を決めて観察し，そのことについて丁寧に記録する。

　このように，それぞれに一長一短があり，実際にはその日の課題や実習の段階に応じて組み合わせる等工夫して書くことが必要である。ただし実習先で具体的な指示がある場合はそれにしたがう。

　また漠然と見ているだけでは具体的な記録は書けない。利用児（者）の方や施設職員の動きを観察する際には，利用児（者）の目の高さになり，「今，何を感じているのか」「何を考えているのか」を感じ取りながら行動する。特に乳幼児や障害児（者）の気持ちは，言葉だけでなく表情や仕草，視線等でも表現されるので，見逃さないようにする必要がある。小さなメモ帳等を用意し，これら重要なことをメモしておく。その際，「誰が」「いつ」「どんな場面で」「どうして」「どんなことを」「どのようにしたのか」がわかるよう，

キーワード等を用いて簡略に書くとよい。なお，メモを取ってよいかどうかは，あらかじめ確認をし，日々の活動の邪魔にならないよう配慮することも必要である。

第4節　実習記録の実際例

1．乳児院での実習記録例

　乳児院での実習記録は，保育所実習の日誌記録と類似している。乳児院の業務が保育所保育士の業務との共通点が多いからである。異なる点は，生活全体を支えているために，乳児達の一日24時間，日曜祝日を含む365日が勤務時間となることである。このため，乳児院の保育士らは，担当の乳児を保育所より多くの担当者で勤務シフトを組みながら，乳児の生活を支えている。つまり，両親の役割も果たしている。愛着形成の時期でもあるので多くの担当者がかかわることは，特定のアタッチメントを形成する対象者を乳児が決めかねてしまうのではないかという危惧もある。そこで，乳児院では，乳児と担当保育士との間に親子関係のような雰囲気が生まれるように配慮・工夫されている。そこで，乳児院の実習記録では例8-1に記述しているように「スキンシップを多くとっていくことで子ども達との信頼関係が築いていけるように」等のアタッチメント形成場面や，「おいしいという気持ちを共感して欲しいんだな」等の子どもの情緒の安定や発達を促す配慮に着目した場面を記録することが大切である。

例　8-1　乳児院での実習記録例

実 習 記 録

12月20日（木）	天候	晴れ	実習生氏名			指導職員	
本日の実習のねらい	・沐浴の方法を学ぶ。 ・子供達の視点に立って深くかかわっていく。			主な実習活動	・掃除，食事介助，布団片付け，沐浴介助 ・自由遊び，着替え，個人保育		
時間	乳幼児・児童の活動		指導者及び実習生の活動		保育者や実習生の支援と配慮		
7：00	◎起床する。 ・ベッドの上に立ってテレビを見る。 ・検温をしてもらう。 ・保育者の声かけで挨拶する。 ・おむつを交換してもらい，エプロンを着けてもらう。		・子ども達の体に触れなら挨拶をしてベッドを回る。 ・拭き掃除をする。 ・掃除機をかける。 ・布団を片付ける。 ・エプロンを着ける。		・スキンシップを多くとっていくことで子ども達との信頼関係が築いていけるように心がけていく。 ・子ども達のよく触りそうな場所等丁寧に拭いていく。		
7：30	◎○○組の部屋で朝食を食べる。 ・手と顔を洗ってもらい，自分の椅子に座る。 ・介助スプーンでご飯やみそ汁を食べさせてもらう。 ・バナナの皮をむいてもらい，自分で食べてみる。		・食堂から4人分の食事と，おしぼりを8枚とってくる。 ・子ども達を椅子に座らせて食事介護をしていく。 ・子どもの口元を見たり，これが食べたいという子供の意思を大切にしながらタイミング良く口元にスプーンをもっていく。		・子どもの発達や年齢によって食べ物の大きさや切り方が違うのでどの子がどれを食べるのかちゃんと聞いておく。 ・「これは豆腐だよ」等とその子がスプーンで口に入る食材の名前を言ってからその子の口に入れていく。 ・子どもが実習生の口元に手でつかんだ食べ物をもってきて食べさせようとする。食べるフリをすると喜んで食べるおいしいという気持ちを共感してほしいんだなと感じた。		

時間	乳幼児・児童の活動	指導者及び実習生の活動	保育者や実習生の支援と配慮
8：30	◎自由遊びをする。 ・プレイルームで実習生と1対1で遊ぶ。 ・ブロック遊びをする。	◎個人保育をプレイルームで行う。 ・ブロックを組み立ててその子の前にもっていき，遊びに誘ってみる。	・部屋が変わって実習生と1対1になると不安になって少し泣き出してしまった。一人ひとりの子の性格や思いを少しずつ汲み取っていきたい。
8：45	◎外遊びへ行く。 ・砂遊びをする。 ・ブランコで遊ぶ。 ・手押し車を走らせる。 ・まだあまり歩けない子は実習生の引く車に乗る。	◎今日は久しぶりに天気が良いので個人保育を中断して，外遊びへ行く。 ・実習生は歩くのがまだ難しい子を車に乗せて院庭を回っていく。	
9：40	◎避難訓練をする。 ・車に乗せてもらったり，保育者にだっこしてもらって乳児院の玄関前に集まる。	・迅速に子ども達を車に乗せたりだっこして避難場所に避難させる。 ・子どもの数を数えて，職員が全員いるかどうか確認する。	・乳児院での避難訓練に参加することが出来，非常に勉強になったと思う。小さな子ども達をどのように非難させればいいのか一人ひとりの子の動き等をたくさんみることができた。
10：30	◎散歩に行く。 ・葉やドングリを見つける。 ・バスやトラックや消防車を見る。 ・猫や犬を見にいく。	・消火器の使い方や置いてある位置を職員全員で確認しておく。 ・子ども達が道路に飛び出したりしないように手をつなぐ。 ・子ども達に外の自然のことや車やバスのことを話したり，実際に花も摘んでみる。	・子どもに葉っぱや花を持たせた時には口に入れたり，小さな子は食べてしまったりするので注意深く見て最後まで責任を持つ。 ・子ども達が外の自然に対してとても興味を持っているように感じられた。
11：30	◎昼食を食べる。	（休憩）	
12：30	◎午睡する。	・子どもをお風呂場に連れていく。 ・子どもの身体を拭く。	
14：00	◎午睡から目覚める。		
14：30	◎沐浴する。 ・服を脱いでもらう。 ・沐浴をする。 ・身体を拭いてもらいドライヤーで乾かしてもらう。	・子どもの頭をシャンプーし，頭と顔を拭いてから身体を洗う。 ・顔を拭き，耳の水分を拭く。 ・湯船につけて見守る。	・身体を洗っているときにも湯船から目を離さない。 ・身体のくびれ等，汚れのたまりやすい所もきれいにしていく。 ・湯船につかっている時小さな子は絶対に手を離さない。 ・寒い思いをさせないように早く丁寧にする。
15：00	◎おやつを食べる。		

2．児童養護施設での実習記録

　乳児院の記録と児童養護施設の記録は類似している。理由は同じく24時間365日，常に子どもの育ちに携わっているからだ。例えば乳児院に入所していた子どもは，年齢がおおよそ2歳以上になると児童養護施設に措置変更する。しかし，今日では子ども達の発達を考慮して3歳ごろに変更するケースも少なくない。また，3歳以上なので幼稚園や学校へ行き，平日の日中は子ども達が不在の時間がある。例8-2に示した児童養護施設での実習記録でも小学生が小学校に登校している。子ども達が帰宅するまでの時間が休憩であったり，実習が中断する時間である。施設職員も休憩に入ったり，勤務交代される。この時間は，実習記録も書かない。また，実習記録は第8章第2節で言及したように指導者と実習生が一緒に勤務にあたる際は，一例として「◇指導者」「■実習生」と行動内容の前に記号を付けると内容を理解しやすい。児童養護施設での実習は実習指

導者と共に子ども達の世話や支援に携わりながら行われ，同時に学びがある。よって，不明なことがあれば，後からまとめて教えていただくより，その場で確認したり，尋ねることも大切である。しかし，指導者も勤務をしている最中なので，業務を止めてしまうことがないように，簡潔でわかりやすく，尋ねなければならない。また，報告は不可欠である。今日，児童養護施設では小グループ化が進んでいる。理由は乳児院と同じく，子ども達同士と担当する施設職員とが家族のような雰囲気が生まれる為である。子ども達の社会性の発達のためには，基本となる家族間での愛着形成や信頼関係は重要である。そこで，児童養護施設の記録では，生活支援や余暇支援の場面等を通して，子ども達の社会性が育つような配慮や支援方法に気づき，記録していく必要がある。

例 8-2 児童養護施設での実習記録

実 習 記 録

9月15日（月）	天候	晴れ	実習生氏名			指導職員	
本日の実習のねらい		子どもの理解のために，職員が，どのような様子から状況を判断し，働きかけを行っているのかを観察する。		主な実習活動	・起床，登校支援 ・食事の準備 ・学習支援		
時間	乳幼児・児童の活動		指導者及び実習生の活動		保育者や実習生の支援と配慮		
6：30	◎起床する ・Aくんが，元気に目覚め，カーテンを開ける。 ・他の子ども達は，職員の声かけで各自起床する。		◇部屋の電気をつけ，「おはよう」と子ども達に声をかける。 ◇夜尿の子どもと一緒に，風呂場に行き，シャワーで子どもの体を洗う。 ■子ども達に「おはよう」と声をかけ，まだ寝ている子どもには，起きるようにうながす。		◇子ども達に挨拶の声かけをしながら，顔色を見る等，子どもの寝起きの様子から体調をうかがう。 ■なかなか起きることができない子どもを起こすのに，苦労しながら，職員がどのような声かけや働きかけをしているのかに着目する。		
7：00	◎朝食 ・Bくん，積極的に朝食の準備をする。 ・全員分の朝食準備が終わると，各自，お茶碗にご飯をよそい，着席する。 ・Cくんの「いただきます」の声で，みんなが唱和し，食べ始める。 ・食べ終わったら，中学生は，自分のお弁当箱にオカズを入れる。 ・制服に着替え，学校に行く準備をする。		■準備をしてくれたことに感謝の気持ちを伝える。 ■子ども達と一緒に，朝食を食べる。		■小学生のBくんが，朝食の準備を積極的にする姿に感心した。Bくんに，「ありがとう」と声をかけると，他の子どもも「ありがとう」と声をかけていた。 ■朝食を残さず食べる姿から，子ども達の体調が良いことがうかがわれた。 ■お弁当箱に自分でオカズを入れることによって，自分の体調に合わせて，昼食の量を自分で決められることは，子ども達が体調管理を学ぶ機会になるのではないかと感じた。		
8：00	◎登校する ・小学校低学年の子どもは，職員に教室まで付き添われて登校する。		◇■車に気をつけながら子ども達を見守り，会話を楽しみながら，一緒に登校する。 ◇子どもに別れを告げた後，少しの間，教室内の様子を観察する。 ◇施設に戻り，引き継ぎのなかで，子どもについての情報交換を行う。		■職員は，子どもの安全確保をしながら，同時に，子ども達が，車に気をつけるためにはどうすれば良いのかを会話のなかで伝え，子ども自身の安全配慮に対する意識を高めていた。「横断歩道では左右を確認するんだよ」と，子ども達が，お互いに声をかけ合う姿から，毎日，くり返し，安全について伝えることが必要であることを感じた。		
9：00							

時間	乳幼児・児童の活動	指導者及び実習生の活動	保育者や実習生の支援と配慮
16：00	◎帰宅する ・子ども達は，「ただいま」と挨拶し，ランドセルを自分の机のそばの棚にしまう。 ◎宿題をする ・帰宅した子どもから，職員に見守られるなかで，宿題をする。 ・Aくんは，宿題の途中で，わからなくなり，イライラし始め，言葉がきつくなってくる。 ・Aくんのイライラした様子に，Bくんが不安定になる。	◇■帰宅した子どもに「おかえり」と声をかける。 ◇帰宅した子どもが，スムーズに宿題に取り組めるように，宿題を済ませた後の予定について話しながら，宿題をすることをうながす。 ■子ども達が宿題する様子を静かに見守りながら，ときどき，「問題解くのが早いね。」等と声をかける。 ■Aくんのイライラした気持ちを受け止めながら，「どこがわからないの？」と穏やかに話しかける。 ■Bくんに「どこまで，できたか教えて。」と話しかける。	■子ども達の「ただいま」の声の調子や帰宅した際の様子から，職員は，学校での子どもの様子を推測し，気になる場合には「今日は，どうだった？」と声をかけていた。 ■職員は，子ども達に，宿題を済ませた後の予定を伝えることで，見通しを与え，スムーズに宿題に取り組むための声かけを行っていると感じた。子ども達のなかには，夕食のメニューを楽しみにしている子どももおり，「今日の夕食は，Cくんの好きな○○だよ」と伝えることで，子どもが，夕食を楽しみにし，「宿題を済ませたい」という気持ちになれるように声かけを行っていた。 ■Aくんは，わからなくなるとイライラすることに気づいた。気持ちが穏やかになれるように，Aくんには穏やかな口調で話しかけることを心がけた。 ■Aくんの言葉に，Bくんが，そわそわし始め，落ち着かない様子になったのを感じたので，気持ちの切り替えができればと考え，声をかけた。私の質問に，Bくんは，「○○までは，できたけど，ここがわからない。」と応じてくれた。
17：30	◎夕食 ・Aくん，Bくん，Dくんが，職員の助言を受けながら，スクランブルエッグに挑戦する。 ・塾に行く中学生のEくんに，Aくんが，「気をつけてね。行ってらっしゃい」と声をかける。 ・各自，お茶碗にご飯をよそい，「いただきます」と言ってから食べ始める。	◇職員は，3人が手際よく調理できるように，まずは，つくる様子を見せながら，コツをわかりやすく説明する。	■職員は，スクランブルエッグを上手につくるためのコツを伝え，3人の器用なところをほめながら，楽しく調理をすることを心がけていた。 子ども達が，一緒に調理をすることで，協力して何かをする，という協調性が養われるのではないかと感じた。 ■Aくんは，宿題の場面では，イライラして，他の子ども達に八つ当たりをする姿が見られたが，塾に行くEくんのことを気遣う等，優しい一面があることを知ることができた。 ■塾に行く子どももいるため，夕食は全員がそろって食べるわけではない。 ■朝食の準備の際，Bくんは積極的に準備を行い，夕食の場面においても，調理を行う等，料理に興味があることがうかがわれた。今日は，Bくんと話をする機会は少なかったが，今後，料理を通して，Bくんと会話する時間をつくりたいと思った。

3．母子生活支援施設での実習記録例

　母子生活支援施設では，母親の自立した生活と就労の支援を目的としている。また，入所対象の0歳から18歳までの子どもに対し，学校や保育所からの帰宅後や放課後等での保育や学習支援，専門機関との連携等も業務である。例えば，保育所や学校への送迎，母親の就労によっては夜間保育や休日保育，病気の時の病児保育もある。最近の入所理由にDV被害者が増えており，DV被害者を守るための周辺施設の不審者への配慮も行われる。母子支援施設での実習記録には，保育の場と家庭の場の両面を見ることができ，比較することもできる。更に，母親が置かれている課題を解決するための専門職との連携がある。家庭，地域，専門機関との連携を直接体験する等の学びを記録することを忘

れてはならない。

例8-3　母子支援施設での実習記録例

実　習　記　録

12月20日（木）	天候	晴れ	実習生氏名		指導職員	
本日の実習のねらい	・沐浴の方法を学ぶ。 ・子供達の視点に立って深くかかわっていく。		主な実習活動	・掃除，食事介助，布団片付け，沐浴介助 ・自由遊び，着替え，個人保育		
時間	乳幼児・児童の活動		指導者及び実習生の活動		保育者や実習生の支援と配慮	
7：30	◎子どもの登園および登校 　母親の出勤		・子ども達が保育所や学校へ登校するので，園や学校まで一緒に引率する。 ・母親が職場に出勤されるのを見送る際に，声をかけて相談や報告を話されていた。		・担当職員の方は，明るい挨拶を最初にされた後，子ども達の様子を見て，体調等を確認されながら，母親に雑談のような気軽で明るい雰囲気で話しかけられていた。最初は，普通の挨拶かなと思っていたが，次第に入所されている母親の方が，子どもの様子や悩んでいることを少しだけ話されてたので，さりげない配慮やコミュニケーション能力が必要であることを感じた。	
9：00	◎職員ミーテイングに参加		・各入所者の状況と一日の業務の流れを確認した。			
9：30	◎施設内清掃，専門知識について講習		・施設内の清掃，共同部分の修繕等をおこなった。作業をしながら，母子支援施設職員の役割や入所者へのかかわり方等を聞く。		・掃除や洗濯の片づけをしながら，「どのように入所されている母親の方に話しかけたらよいのかわからない」ことを施設職員の方に相談した。すると，まずは明るい挨拶が基本であること，しっかり話を聞こうとする姿勢があると次第に信頼関係は生まれてくるのだと教えていただいた。特に実習生は子ども達と丁寧にしっかり遊んだり，勉強を見ていると，親も信頼してくるので，まずは子ども達とかかわりを持つことを教えていただいた。	
12：00	◎昼食		（昼食後に休憩）			
13：30	◎職員ミーテイングに参加		・入所者に関する情報交換と今後の予定等の確認を行った。		・子ども達のお迎えは周囲の安全を確認しながら行うことを指導されたので緊張感をもって，笑顔でお迎えに行くことを心がけた。	
15：00	◎降園，下校， ・園児の迎え，児童の受け入れ ・学習支援，子どもと一緒に過ごす ◎子ども，母親帰宅		・小学校や幼稚園に子ども達をお迎えに行った。 ・小学生の子ども達の宿題見る等の学習指導を行った。 ・幼児の子ども達とは夕食まで一緒に施設内で遊んだ。		・帰宅後，小学生の宿題をみた。終わったら一緒に遊ぼうねと約束する等して，子ども達の勉強を見てあげる時間が取れるように考えた。しかし，宿題がなかなか終わらなくて，あまり子ども達と遊べなかった。何人かの子どもは早く宿題が終わったので早く遊びたいと言われ戸惑ってしまった。	
19：00	◎実習担当者と反省会		・今日一日の反省会と明日への連絡事項等を確認した。			

4．障害児（者）施設での実習記録例

　障害児（者）施設には，障害の区分により様々な施設がある。施設保育士に求められる専門的な知識や技術も高度になっている。障害そのもの理解と対応方法，専門機関と家庭との連携はより密接となる。更に，知的障害のある利用児（者）の中には，自閉症スペクトラム，ダウン症等を重複した，いくつかの障害をあわせ持つ人も入所している。

その人が抱える課題は，多面的であり，専門的であり，個別的な支援が必要となる。例えば，自閉症スペクトラムや知的障害の利用児（者）が示す行為・行動に不適応行動や行動障害と言われるものがある。なぜこの行動を行ってしまうのか。その要因や利用児（者）の思いを理解し，環境を整え，適切な表現や行動を伝えていくことが施設職員の役割である。利用児（者）理解を，施設職員はどのようなプロセスを経て行ってきたのかを，表面的な対処法を学ぶことに留まらず，考え，自分なりに推測した上で，指導者に尋ねることで実習生の学びとなる。まずは，ただ観察しているだけではなく，利用児（者）の気持ちに寄り添い，その気持ちをわかろうとすることも実習記録に書きとめ，実習生の利用児（者）理解の過程を記録する。

例8-4　障害児（者）施設での実習記録例

実 習 記 録

12月25日（日）		天候	雪	実習生氏名			指導職員	
本日の実習のねらい		・今まであまりかかわれていなかった園生さんとも積極的にかかわるようにする。・園生さんの食器やはし，スプーン等の使い方をよく見る。			主な実習活動	・着替え介助・食事介助・歯磨き介助・掃除		

時間	利用児（者）の活動	指導者及び実習生の活動	保育者や実習生の支援と配慮
7：00	○起床・着替えをする。・歯磨きをする。・排泄に行く。○掃除をする。	・着替え介助をする。・歯磨き介助をする。・掃除をする。	
8：00	○朝食を食べる。	・利用者さんと食堂へ行く。・利用者さんに手洗いを促す。・食事介助をする。・朝食を食べる。	・朝食で出たジャガイモの煮物が苦手な園生さんがおられるようだった。私が食事介護をしている間は食べてもらえず，先生はつぶして食べやすくしたものをみそ汁と一緒に口に運んでおられた。苦手なのかな，と思ったらもっと食べやすくなるように工夫していかなければならないと思った。
8：30	○クラスで過ごす。・テレビを見る。・自由に過ごす。・おやつを食べる。	・利用者さんとクラスで過ごす。・おやつ介助をする。・コップ洗いをする。	・今までかかわることが少なかった園生さんへのかかわりについて伺い，具体的に教えていただいた。また，実習の初めに，積極的にかかわっていこうとしなくて良い，とおっしゃっていた利用者さんについては実習生等，新しい人が苦手なのだと改めて教えていただいた。利用者さんの負担にならない範囲で，残りの時間，積極的にかかわっていきたい。
			・コップ洗いや洗濯物をたたんでいる時等にかかわりを求めてきてくださる園生さんにはどう対応したら良いのか伺った。何かしながらの対応では1対1できちんと向き合っていることにはならず，また用事も終わらないため，きちんと向き合える時間も減っていく。そこで，「これが終わってからね。」「○時からね」等と声をかけられるように先生方がしているのだと教えていただいた。けじめをつけることが大切だと教えていただいたので，しっかりとけじめをつけられるようにしたい。
12：00	○昼食を食べる。	・園生さんに手洗いを促す。・昼食を食べる。	
12：25	○運動をする。・腹筋の運動をする。・背筋の運動をする。	・園生さんの運動の補助をする。	

時間	利用児（者）の活動	指導者及び実習生の活動	保育者や実習生の支援と配慮
12：30	○クラスで過ごす。 ○お昼寝をする。 ○自由に過ごす。	・園生さんとクラスで過ごす。	
15：00	○おやつを食べる。	・おやつを食べる。 ・コップ洗いをする。	・朝，昼，夜を通して食事の時に園生さんがどんな食器を使っておられるのか，どのように食べておられるのか見るように心がけた。他の園生さんとは違う種類の箸を使っておられる方，スプーンで食べておられる方，木のスプーンを使われている方，自助食器を使っておられる方，時々手を使っておられる方等，様々な方がおられた。なかなか食べ進まない園生さんには「食べてよ。」等と先生が声かけをしておられた。
17：30	○夕食を食べる。 ○クラスに戻る。 ○就寝準備をする ・歯磨きをする。 ・着替えをする。 ・排泄に行く。	・夕食を食べる。 ・掃除をする。 ・クラスに戻る。	・食器に工夫がある方は，外での食事の時はどうするのか伺った。全介助になる方，木のスプーンを持っていく方，スプーン等を借りる方，場合によっても様々だと教えていただいた。

第9章

施設実習中のトラブル

第1節　利用児（者）とのトラブル

1．利用児（者）から「髪を引っ張られる」「ひっかかれる」「噛まれる」「叩かれる」等の乱暴への対応

　利用児（者）とかかわっていく中で，利用児（者）から，髪を引っ張られたり，ひっかかれたり，噛まれた，叩かれたといったトラブルにあった実習生は少なくない。実習生なので，自分のかかわりに原因があったのではないかとつい思ってしまう。しかし，髪を引っ張られたり，ひっかかれたり，噛まれたり，叩かれると痛いので，乱暴をする利用児（者）に近づきたくない，傍にいるだけで緊張してしまい実習にならない。利用児（者）が乱暴した時の対応は，利用児（者）に嫌であることや痛かったことを伝え，一旦その場から離れる。すぐに，指導者にひっかかれたり，噛まれたり，叩かれた時の状況を伝え，怪我をしている場合には，小さな傷でも必ず処置をしておくこと。また，養成校の担当教員にも詳細を伝えなければならない。利用児（者）にとっても，ひっかいたり，噛んだり，叩くといった暴力行為は改善されないと社会と地域における人間関係は形成しにくい。そして，利用児（者）の将来に向けての自立した生活を継続することが難しい状況になることが多い。実習施設によっては，事前に利用児（者）の問題行動の特徴を実習生に伝え，対処についても助言をしてくれるが，突然の場合も多いので，冷静に行動することを心がける。そして，気持ちが落ち着いたら，乱暴の原因を考えてみるとよい。本来は，言葉を使って自分の意思を伝えるのが一般的であるが，それが自分の思い通りに伝えることができなかったことに要因があることが多い。例えば，障害があり，言葉を使えなくても感情は豊かであることを忘れてはならない。乱暴な行動をとった利用児（者）は，実習初日は実習生が自分の傍であれこれかかわってくれていたのに，数日すると他の利用児（者）がやって来て，実習生を独占することが出来なくなってしまった。それで，「こっちに来て」,「こっちを向いて」という思いから，髪を引っ張ったり，噛んだり，叩く行動となる場合もある。利用児（者）に実習生の気持ちを伝えたり，利用児（者）の気持ちを代弁する等により利用児（者）の気持ちを理解していることを伝え，安心させること等の対応を行ったりする。そして，なぜ乱暴な行動をとるのか，生い立ちや障害等について，施設側がどのように捉え対応しているのかをうかがうことも大切である。さらに，問題となる乱暴な行動の回避の仕方や嫌な行為について尋ねて

おくと良い。なお，実習生には，実習中の怪我に対応する保険に入っている養成校が多いので保険の申請方法等も実習担当教員に相談するとよい。

2．利用児（者）の物を壊してしまった時の対応

　施設実習は，利用児（者）の身の回りの物の整理整頓や居住空間の掃除も担当する。そのため，時に利用児（者）の私物を壊してしまうこともある。この場合，できるだけ速やかに指導者へ報告しなければならない。壊してしまった時の状況をありのままに説明し，素直に謝罪することが最優先である。故意に壊してしまったのではない限り，大切なのは事後対応である。弁解やごまかしは，最も恥ずべき行為である。誠意をもって謝ることである。具体的な事後対応は，施設の実習指導者から伝えられる場合が多いが，弁償等が必要な場合もあるので，必ず実習担当教員にもすぐに報告・相談を行う。養成校によっては，実習生が物を壊した際の補償を行う保険に加入していることも多い。いずれにせよ，実習担当教員からも施設側に謝罪をしなければならないので，速やかに報告することを忘れてはならない。

3．利用児（者）の無視や暴言への対応

　児童養護施設で，「利用児（者）から無視をされてまったく口をきいてもらえない」といった悩みを持つ実習生も多い。この状況は施設だからというのではなく，一般家庭でもよく見受けられる。もし思春期の利用児であれば，その時期の対人関係の特徴であり，親から独立したいという欲求が高まり，自我意識の目覚めによって両親や周囲の大人達から情緒的に独立したいという思いの表現でもある。また，試し行動は，利用児（者）が里親家庭に訪問した際等によく見受けられる。故意に困らせるような問題行動を起したり，暴言をぶつけてしまうことである。試し行動は，自分をどの程度まで受け止めてくれるのかを探る為にわざと困らせるような行為のことを指す。児童虐待を受けた子どもには，特に多く見られるという。幼児期では，物を投げる，泣き叫ぶ，かみつく，極端なわがままを言う，叱られたことを，直後にわざと同じことを繰り返すことが多い。児童期以降になっても，被虐待児の場合は，暴言やわざと困らせるような行動や極端な無視をする場合がある。障害がない場合は，悪いことだと理解した上で行っており，周囲の大人の気を引くようにあえてすることに特徴がある。思春期の反抗的な行動とは異なり，愛情を確認するまで続くことも特徴である。この場合の対応は，「あなたは大切な存在であること」をしっかり伝えることと，良いことと悪いことをはっきり伝えることである。試し行動の後，過度に叱ることや暴力・暴言による叱責の繰り返しでは不信感が深くなり，試し行動は止まらない。実習生であっても，大切な一人の人間であるこ

とや，良いところや優しいところを認め，思いに共感し，時には，一緒に運動する等しっかりかかわることで，実習生との信頼関係が形成されていく。

第2節　利用児（者）とのかかわり方

1．利用児（者）から実習時間外に何かを依頼された際の対応

　基本的には実習時間外に利用児（者）から依頼されたことは引き受けてはならない。もちろん，依頼された内容や依頼までの経緯，依頼内容にもよるが，依頼を受けるのは避けたほうが良い。理由は，実習時間外は実習生にとっては，休憩時間であるからだ。体や心を休めて，自分が学んだことを振りかえり，個人的な時間を取ることで実習が再開した時に集中して学ぶ姿勢が作られる。また，依頼内容はエスカレートしていく傾向がある。最初の依頼を受けてしまうと，依頼の内容が利用児（者）の逸脱したわがままや，実習生が責任を取り切れないほどの要求となり，実習後もかかわりたいから個人の携帯番号を教えてほしい等の要求につながることは多々見受けられる。利用児（者）から依頼を受け，断った場合に「前の実習生はしてくれたのに，優しくない」等と言い返されたり，その後の実習の時に困らせるような行動をとることもある。これらを予防するためにも実習生は，利用児（者）から実習時間外で何か依頼されたり，実習時間内でも過度の依頼であると感じた場合は，速やかに指導者に依頼事項や経緯等を報告し，相談しなければならない。もし，指導者と相談して，実習時間外であるが依頼を受けても問題ない範囲であると判断され，許可が下りた場合に限り，依頼を受けることは出来る。遊びや学習指導であっても，実習時間以外であれば，指導者に必ず報告し，相談することを忘れてはならない。

2．障害児（者）の介助への不安

　施設実習先に重度心身障害児施設や肢体不自由児施設も含まれる。これらの施設の利用児（者）は，身体の緊張が高かったり，逆に緊張が特に低く，姿勢が不安定な姿を見ると不安感を持つ実習生は多い。さらに，実習では食事介助や入浴介助をも行うことがある。ますます，実習生はどのように介助すれば良いのか不安感は増すばかりである。しかし，施設の指導者は，実習生が介助できるように細かく指導してくれる。ただ，指導者も業務が多忙であるので，すぐに助言を受けられない場合もある。仕事に支障のないタイミングを見て，「今，質問してもよろしいでしょうか」と一言添えて，疑問に思ったことや確認したいこと，わからなかったことを積極的に尋ね，指導者が行っていることを見覚えることも大切である。なお，実習初期に，具体的な介助方法や安全面での配

慮について質問することを忘れないようにすると良い。

3．学習支援の際の学習意欲が欠ける子どもへの対応

　児童養護施設や障害児施設等の利用児（者）が入所している施設では，学習支援を行っている場合が多い。実習生は，特に学習支援を担当することが多い。例えば，児童養護施設では，日々の宿題の指導が毎日行われる。障害児施設でも特別支援学校等に通っている利用児も多く，発達に合わせた学習支援が行われている。ここで最も実習生が悩むことが多いのは，「どんなに声掛けをしても，宿題の時間になると全く学習意欲がなく，部屋をうろついたりして宿題に向かわなくて困った」というものである。児童養護施設や乳児院の入所理由に虐待が多くなっており，利用児の多くが乳幼児期に安定した情緒の下で愛着形成が出来ないままに成長している状況がある。愛着形成や情緒の安定が無いことは，集中力や忍耐力，意欲に欠け，言語の発達も遅いことにつながりやすく，最近では知的発達が遅れているケースが増えている。障害児施設においても，知的な発達の遅れにより，言語発達が遅れ，問題行動が多くなり，更に虐待を受けてしまうことも多々見られる。このような状況で育った子ども達は，劣等感が強く，競争心もあまりなく，無感情や無反応であることが多い。このような子ども達への学習支援はいくつかの工夫や配慮が必要となる。学習に関心が持てるような環境を整えることも一つである。近くの部屋で楽しそうな笑い声やテレビの音が聞こえたり，食堂からの様々な匂いが漂うような環境では落ち着くことが出来ずに刺激に反応してしまう。また，学習意欲がわかないのが，問題を理解できないからであれば，発達にあった問いかけに直したり，問題の内容を細かくステップに分けて指導する等の工夫が必要である。もし発達障害傾向がある場合には，集中できる時間も短いので，あえて時間を区切って指導することも有効である。例えば「15分間で解けるとこまでしたら，答え合わせしてみようね」等，短期目標を設定することも有効である。また，学習支援を行う時間帯も重要である。食事が終わって，見たいテレビがある時間には学習への意欲は高まりにくい。まして，就寝前の時間になると尚更である。利用児（者）が施設に帰宅して，なるべく早い時間に，できたら夕食の前に学習支援をする方が短時間で集中できる。学習支援により宿題が安定してくると施設の子ども達は学校での学習意欲も向上し，授業時間の学習態度も改善される。施設における学習支援は，利用児（者）の学習意欲が低いからと言って，諦めたり，利用児（者）の自己責任にしてしまうのではなく，実習生であっても積極的にかかわることで利用児（者）の生活の質を向上させる機会にもなることを忘れてはならない。学習支援のボランティアを実習終了後でも継続する実習生が少なくないことは，学習支援での成果とやりがいを実感した経験が背景にある。

第3節　実習後の利用児（者）及び実習施設とのかかわり方

1．実習後の利用児（者）とのかかわり方

　実習後の利用児（者）との個人的なかかわりは慎むものである。しかし，実習後の実習施設へのボランティア活動の一環で，施設の活動へのボランティア場面での利用児（者）とのかかわりは推奨されるべきである。では，なぜ実習後の利用児（者）と個人的にかかわってはならないのだろうか。理由は，実習生が個人的なきっかけで知り合ったのではなく，実習生は，実習という学校の公的な機会を通して知り合ったからである。そして，実習が終了するまでの関係を前提として，実習施設は，実習生がかかわることを承認していたことを忘れてはならない。一定期間の公的な関係であったのである。利用児（者）との過ごす時間が増え，お互いに理解しあう頃になってのお別れは，残念な気持ちになることは理解できる。ずっと長くかかわっていきたくなる気持ちも生まれてくるだろう。しかし，施設と実習生の関係は，親子や親族のような永続的な関係ではない。また，利用児（者）が実習生を頼って来て，実習生が負うことが出来なくなるほどの責任が生まれてくることもある。実習生が，個人的な好意で行ったことであっても，永続的に利用児（者）を支えていくことが果たして実習生に出来るのであろうか。仮に個人的な信頼関係ができ，実習生が社会人となって，懇意にしていた利用児（者）の里親になったり，婚姻関係となったとしたらどうだろうか。両者の関係は納得いくものになるかもしれない。しかし，今後の実習施設と保育士養成校との関係は気まずくなり，破たんする場合もある。つまり，実習生の個人的な行動によって，養成校は実習施設を失い，実習生の後輩は，該当する実習施設への実習参加が認められなくなることもある。施設実習は，実習生が想像している以上に，実習施設側の実習承認が難しいのが現状である。

　よって，利用児（者）から，「実習生の住所や携帯番号やSNSのID等を教えて欲しい，施設の先生には内緒にするから」等の手紙や相談を受けても，その時の気持ちの勢いで安易な約束はしてはいけない。結果的に，利用児（者）の気持ちを傷つけてしまいやすい。

　では，実習中にこのような手紙やお願いを利用児（者）からされたらどうした良いであろうか。まず，お礼の気持ちが書いてある手紙等を受け取っても良いが，実習生の住所や携帯番号やSNSに関することは伝えてはならないことがルールであるとはっきり伝えなければならない。また，どのような内容にせよ利用児（者）からの手紙や相談は，指導者に相談する。その際，「先生には内緒にして欲しい」と言われたことも必ず伝えると良い。実習生は，指導者に言いつけるようで嫌だと感じるかもしれない。しかし，

指導担当者は，利用児（者）の生活全体を支え，心身の安全と安定を守る責任があるのである。実習生とのいざこざにより，利用児（者）が自分を傷つけたり，暴言を他者にぶつけたり，乱暴な行動を起こした時，原因がわからないのでは対応策が見つからないのである。実習生が速やかに報告し，連絡し，相談してくれることを前提に実習を受け入れてくださっていることを忘れてはならない。

２．実習後の実習施設とのかかわり方

　施設実習後の施設へのボランティア等は，事後学習の中でも最も成果が高い。授業等に支障がない範囲で参加することは奨励される。実習中では，初めてのことを知り，対応することで周りが見えていなかったことは多い。また，毎日の実習記録を記入することに時間がとられ，実習全体を振り返り，利用児（者）への理解も客観的に判断できなかったこともあるかもしれない。更に，目の前の施設の指導者の業務を目で追っていくことで１日が終わっていたかもしれない。施設には，指導者の他に，様々な職員や専門職が連携しあいながら勤務している。更に，保育所等の他の福祉施設以上に，行政や医療機関や地域や家庭との連携は密である。実習では理解できなかったそれらとの連携のありようをボランティアとしてかかわることで垣間見たり，一部の業務を経験させていただける機会がある。

　つまり，実習中には，気づけなかった利用児（者）の状態を，実習生ではない立場から客観的に見ることが出来る。実習期間はおおむね10日間と短いので，利用児（者）の一部分しか理解できないことが多い。また，ボランティアとして長期間かかわることで，利用児（者）の発達や育ちの様子を見られるだろう。また，指導者から受けた助言や指導を再認識し，理解が深まり，自分の施設保育士としての適性や課題に気づくこともできる。また，施設の利用児（者）は，障害や疾病を持っている場合もあるため，理解を深める為に多くの知識や経験が必要である。実習期間では解決できなかった疑問を実習後の施設とのかかわりの過程で解決できることもある。

　なお，実習後の実習施設とのかかわりを申し出る方法は，実習日誌の提出や受け取りの際に，実習施設がボランティアを募集していないか，ボランティアをさせていただけることが出来るかどうかを相談すると良いだろう。それ以外であれば，急に訪問することは避け，事前に電話で相談する等の社会人としてマナーを忘れてはならない。

　なお，第10章「施設実習後の実際」を参照するとよい。

第4節　守秘義務 ──情報を守ることは，相手を大切に思う気持ちの延長線

1．守秘義務違反に関する法律

　実習中の日常生活支援を通して，私達は，子どもや保護者のプライバシーに関する個人情報を直接的，あるいは間接的に知り得ることがある。直接，子どもや保護者から聞くこともあれば，間接的に，子どもや保護者が職員と話している様子から知り得ることもある。

　児童福祉法第18条の21には，「保育士は，保育士の信用を傷つけるような行為をしてはならない」と明記されており，同法18条の22には，「保育士は，正当な理由がなく，その業務に関して知り得た人の秘密を漏らしてはならない。保育士でなくなった後においても，同様とする」と守秘義務についての規定がある。保育士として働いている間は言うまでもなく，保育士として働くことを辞めた後においても，働いている間に知り得た個人情報を漏らしてはならないことが明記されている。また，同法第61条の2には，「第18条の22の規定に違反した者は，1年以下の懲役又は50万円以下の罰金に処する」と守秘義務に違反した場合の罰則規定も設けられている。

2．思いやりのつもりが守秘義務違反

　【事例1】児童発達支援センターでの実習を終えた学生のAさん。実習先のセンターは，自分の家から近い場所にあり，実習中，徒歩で通っていた。センターに通う親子が生活する地域で，Aさん自身も暮らしており，実習後，地域のなかで親子に出会うこともあった。

　実習から6ヶ月が過ぎた頃，近所のスーパーマーケットで実習中に知り合った保護者に出会い，保護者の方から声をかけられた。「実習生だったAさんでしょう？久しぶりですね。元気ですか？」久しぶりの再会に，Aさんも嬉しくなって，「はい，元気です。Bちゃんは，元気にしていますか？」と尋ねた。「実習中は，うちの子を可愛がってくださり，ありがとうございました。うちの子，発達がゆっくりだから，これからが心配なんですけど，元気にしています。」とBちゃんのお母さんは少し暗い表情になった。

　その様子を見て，Aさんは，Bちゃんのお母さんを励ましたいと思い，次のように声をかけた。「Bちゃん，元気なんですね。良かったです。私が実習でBちゃんと過ごしたのは限られた時間でしたが，実習初日には出来なかったお友達とのかかわりが，最終日の頃には少しずつ出来ていて，子どもの発達ってすごいと思いました。それに……，センターの職員の方々は，Bちゃんの発達よりも，C君のことをとても心配していました。」それを聞いたBちゃんのお母さんは，「えっ，そうなんですか！C君の方が大変だなんて，知りませんでした。何となく，C君とうちの子は似ているような気

91

がして，気になっていたんですけど。」とお母さんの様子からは，自分の子どもの成長を喜ぶと同時に，C君の心配をしている姿がうかがわれた。
　数日後，この会話が，センター職員の元に届き，とんでもない事態に発展した。

　実習生Aさんは，重大な守秘義務違反を犯してしまった。実習開始前に，通常，実習生は，実習先に提出する「誓約書」のなかで，守秘義務の遵守を誓約している。つまり，実習生といえども，守秘義務違反が，重大な違反行為であることは，現職の保育士と変わらない。

　Aさんは，久しぶりに会った保護者が自分の子どものことを心配して，暗い表情を見せたことに対して，何とか保護者を安心させたい，励ましたいという善意から，「BちゃんよりもC君の方が心配な状況であることを実習先のセンター職員が話していた」という情報を漏らしてしまった。このことは，C君とその家族，センターに通うその他の家族，実習先であるセンター，実習生Aさんが在籍している養成校等，多方面に多大な影響を与えることになる。

　C君とその家族が，センター職員がそのような目で自分達のことを見ていたことを心外に思ったとしたら，これまで築いてきた信頼関係は崩れ去ってしまうだろう。もちろん，Bちゃんの保護者も，この件を思い返し，「C君のことを話してくれたように，実習生は，うちのBのことも他の保護者に話しているのかもしれない」と実習生に対して不信感を抱き始めるかもしれない。実習先であるセンターの職員は，C君と家族の気持ちをどのように取り戻していけば良いのかに悩み苦しみ，実習生を受け入れたことを後悔し，辛く，悲しい気持ちと同時に怒りを感じるであろう。そして，その話がたとえば地域のなかで広まったとしたら，個人情報を実習生に安易に漏らしてしまう信用の置けないセンターであるとマイナスの評価を受け，他の利用児（者）との関係性やその他の関係する諸機関との信用にもかかわり，センターは多大なダメージを受ける。何より，働いている職員の心痛は，計り知れない。そして，Aさんが在籍する養成校では，守秘義務についての教育等，実習生に対する教育に疑問を抱かれ，今後，実習先であったセンターを含め，他の施設からも実習生を受け入れてもらえない事態にもなりかねない。

　保護者の不安を取り除くために，「悩んでいるのは，あなただけではない」というメッセージは時に重要な意味をもつが，第三者である誰かをひき合いに出して助言することが，ひき合いに出された誰かの大切な個人情報を漏洩することである点に，私達はもっと敏感にならなければならない。保護者は，このような形で，自分のことも他所でひき合いに出されているかもしれないと思うと，今後，相談したり，話をすることに躊躇するであろうし，信頼関係が崩れてしまうこともある。

3．秘密にすることが不利益をもたらす状況

　一方，「このことは，絶対に秘密にしてほしい」と言われた内容のなかには，秘密にすることが誰かの不利益をもたらすこともある。たとえば，施設に入所している利用児（者）から，いじめを受けていることを告白される場合もあるだろう。「実習生のDさんにしか話せないことだから，絶対に，誰にも言わないって約束して。約束してくれたら話す」と言われると，実習生は話を聞かなければと思い，できない約束をしてしまいがちである。しかし，利用児（者）が学校でひどいいじめを受けているにもかかわらず，何の支援も得られていないとしたら，このことを秘密にしておくことが，利用児（者）自身の生活における不利益を持続させることになる。その場合には，話を聞く前に，「話の内容によっては，秘密にできないかもしれない」と伝える必要がある。それに対して，「秘密にしてくれないんだったら，話さない」と言うかもしれない。その際には，「E君にとって辛いことや，困っていることが起きているのだとしたら，私一人でE君の力になってあげられないかもしれない。でも，E君の力になりたいので，私も誰かに相談して助けてもらいたいと思うから。誰に相談するかは，E君と話し合って決めたいと思うのだけれど，どうだろうか」と，秘密を守れない理由を伝え，力になりたいことを誠意をもって伝えていく必要がある。利用児（者）は，秘密にしてもらわなければ，自分にさらなる不利益が降りかかるのではないか，何か不都合な事態に陥るのではないかということを心配して，秘密にすることを迫る場合が多い。話すことによって不利益を被らないことが納得できれば，安心して打ちあけることができる。その不安を取り除く支援を行うことが重要な鍵を握る。

　秘密保持には，保育士がその人をどれだけ大切に思っているかが反映される。個人情報を保持すること，情報を開示することの意義をしっかりと考えて，日々の支援に従事してほしい。

第5節　安全の配慮事項

　施設実習は，保育所実習では経験していなかった入浴介助，排泄介助，障害児（者）の食事の介助，歩行等の移動介助を行うことがある。これらの介助は，適切な方法で行われないと事故を起こす可能性があることを忘れてはならない。しかし，実習生が，介助方法の知識や技術を十分に習得した状態ではなくても，実習に参加しなければならないこともある。そもそも現行の保育士養成カリキュラムでは，障害児（者）の介助方法を学ぶ機会はほとんどない。大切なのは，わからないことはすぐに率直に質問し，知らないことやできないことは「知らない」「できない」ときちんと指導者に伝えることで

ある。もし，曖昧な返事のままだと指導者は，出来るものと判断し実習生に介助をさせてしまうかもしれない。すると，事故に繋がってしまう場合もある。特に乳児や障害児（者）の事故は，命を落としたり，重篤な障害になってしまう危険性が高い。

　安全の配慮の為に指導者に確認しておいたほうが良いものは，機能的な遅れ等から特に留意すべきことがあるかである。例えば，食事介助でもスプーンにのせる一口分の食事量や介助の姿勢，食べ物をおく舌の位置等である。この方法が少しでも異なると利用児（者）は，食事をスムーズに摂ることが出来ない。また，障害がある成人や体が大きい児童の入浴介助・移動介助では，複数の施設職員で行う。これは，障害児（者）の安全を確保するとともに，施設職員の腰痛を防ぐためでもある。更に介助は，戸惑いながら不安げに行うと危険性が増してしまう。介助を受ける側の利用児（者）にも不安感や不信感を感じるものである。個々の利用児（者）についての留意点に気を付けながら，積極的な姿勢で行おう。例え，障害の程度が重く，全面介助であっても残された能力を開発し，伸ばし，発達を促すための方途や個人計画があることを理解することも忘れてはならない。その他，介助の方法は，障害の種類や程度によっても異なるので注意しよう。前回介助した人にはこの方法だったからといって同じ方法でよいとは限らない。理由は，個人差である。その人に残っている能力の差がある。動かすことが出来る筋肉や部位や動く範囲が異なっている。更に，人それぞれの快不快の感覚の違いがある。

　また，機械的に介助するだけではなく，利用児（者）の気持ちを代弁し，共感する言葉がけを行いながら，介助を受ける側が気持ちよく，意欲的に取り組めるように配慮しよう。言葉を理解していないようにみえても，何をどのように介助するのかを言葉で伝えながら，安全に留意し，介助することが大切である。

　まずは，利用児（者）の立場に立って，気持ち良く介助が受けられるように配慮する思いやりの気持ちが大切である。

第10章

施設実習後の実際

第1節　各種書類の提出

　施設実習は現場での配属実習が終わればそれで終了ということにはならない。その後に必要な諸手続きを行い，また実習のふり返りをすることが不可欠である。それら一連の手順を経てはじめて実習は完結する。

　まずは，実習を行うにあたり作成，活用した文書類をもれなく提出する。こうした文書類は実習生が所定の実習をきちんと終えたことの証明となるもの，もしくは実習後の事後学習につなげる資料となるものである。

　養成校に提出する書類としては以下のものが挙げられる。
①実習ファイル（実習ノート・実習日誌）
②出勤簿
③報告書（実習レポート）
④自己評価表

1．実習ファイル（実習ノート・実習日誌）

　様式は養成校により様々であるが，実習記録，沿革等施設に関する情報，実習期間中のスケジュール，実習テーマや実習目標を記載した実習計画書，指導案等が含まれているのが一般的である。これらについて，記入漏れはないか，鉛筆書きのままで清書していない箇所はないか，綴じる順番は適切か等を提出する前に確認する。

　最終的に施設から実習記録が返却されるにあたり，その受け取り方についてはあらかじめ施設の実習担当職員とよく打ち合わせておかねばならない。一般には実習生が直接施設に出向いて受け取る場合と，施設から郵送していただく場合とに分けられる。直接受け取りに行く場合は，事前に日時の約束をした上で訪問するのがマナーである。また郵送していただく場合は，実習生が返信用封筒を用意し，先方が実習記録を入れればそのまま郵送できるようにしておくことが肝心である。封筒を施設に預ける際には，送り先住所，宛名がきちんと書かれているか，切手代が不足していないかを十分確認し，施設側に迷惑がかからないようにする。

注意）宛名の後は，様ではなく「行」を書く。
封筒の中身の重さから郵送代を確認し，
切手を貼り忘れないようにする。

2．出勤簿

　通常は実習施設と各養成校との間で直接やりとりされる書類であるが，まれに施設から実習生に返却される場合があり，その際には速やかに養成校に提出しなければならない。実習を行った期日を端的に証明する書類であるため取り扱いに気をつけること。

3．報告書（実習レポート）

　養成校により名称は異なるが，実習終了後に「しめくくり」の意味で報告書を作成する場合がある。これは実習体験のふり返りを文字としてまとめることが，大きく分けて①実習生本人にとっての貴重な学びの資料となる，②後輩にとっての参考資料になるという2つの意味があるためである。

報告書はおおむね以下のような項目により構成される。

①実習施設の概要

施設名，所在地，職員構成，利用児（者）の構成，沿革等

②事前準備

実習計画，実習目標，具体的に用意したもの（絵本，手遊び，レクリエーション活動の材料等）

③実習内容・プログラムの概要

期間中のスケジュール，1日のスケジュール，担当部署，部分実習の有無等

④実習課題と取り組み

実習計画や目標に向けどんな取り組みを行ったか，どの程度達成できたか等

⑤実習で学んだことや反省，今後の課題

利用児（者）の姿，職員の姿から学んだこと，自分自身の行動や態度，保育士としての課題等

⑥後輩へのメッセージ

施設実習の意義，実習生としての心がまえ，実習に向けてするべきこと，注意点等

4．自己評価表

これも養成校により様々であるが，チェックリストのような形で自らの実習中の態度や技能等について自己採点する場合が多い。これも報告書と同じくふり返りの一環であるが，養成校は実習先からの評価と照らし合わせることで事後指導に活用する。実習生の自己評価が施設側の評価と大きく違っているケースもあるが，過大評価にしろ過小評価にしろ，なぜそのような自己評価をしたのかということは今後の成長の大きな鍵となる場合が多い。したがって自分なりにつかんだ成果や課題を確かめつつ，今後の学習につなげていくために自己評価は重要である。

第2節　礼状の作成

1．礼状の書き方

実習が終了したら，1週間以内を目安に礼状を郵送する。忙しい中実習を受けてくださった実習先に感謝の気持ちを伝えることはとても大切なことである。実習の記憶が鮮明なうちに実習中に学んだことや感じたことを，具体的なエピソードを添えて書く。

１）封筒・便せんについて

　送る相手は目上の方であり，あらたまった内容であることから，封書で送る。白無地の縦書きの便せんと封筒を用いるのが正式である。はがきで出したり，メールやSNSを使用することは失礼にあたる。また郵送であってもパソコンで作成した手紙では，感謝の思いが伝わりにくい。

２）筆記具について

　黒のペン，または万年筆を用いて手書きで書く。書き損じた場合は，修正液や修正テープを使わず新しい便せんに書き直す。

３）文字や数字の記入・文体について

　文字や数字は楷書を用いてはっきりと丁寧に書く。誤字や脱字に気をつけ，いわゆる「ら抜き言葉」や「若者言葉」にならないように留意する。文体は「です・ます」調で，尊敬語や謙譲語等の敬語表現に注意する。数字は縦書きの場合漢数字で記載する。

４）手紙の形式について

　正式な手紙を書く際の形式に則って書く。形式にもとづいて書くことは，一見わずらわしい印象を持つかもしれないが，社会人になると手紙を書く機会が増えるため，この機会に覚えておくと便利である。
　一般的には下記の順に記す。
①頭語：「拝啓」「謹啓」等の冒頭のあいさつ。
②前文：時候のあいさつ。四季おりおりによって異なる。
③主文：まずは実習でお世話になったお礼を伝える。続いて実習を通して学んだ内容や
　　　　思い出を，具体例を交えて書く。次に今後の抱負を述べる。
④末文：相手を気づかう言葉を書く。
⑤結語：「敬具」等，手紙の終わりに頭語とセットにして書く言葉。
⑥日付：行頭から２～３字下げて書く。
⑦署名：所属する学校・学部・学科名と自分の氏名をフルネームで書く。
⑧宛名：施設名と施設長名をフルネームで書く。

５）宛名・差出人について

　封書の宛名は施設長の名前を書く。個人名は誤字がないようくれぐれも注意する。
　差出人の住所は実習生個人の住所を書き，氏名の後に自分が通う養成校名，所属学部・

学科名を書く。

6）礼状の記入例

　下記の例を参考にしつつ，通り一遍のあいさつにとどめずに感謝の気持ちが伝わるように書くことが肝心である。

⑧宛名	⑦署名	⑥日付	⑤結語	④末文	③主文	②前文	①頭語

拝啓

　朝夕しのぎやすい今日この頃，先生方におかれましてはお変わりなくお過ごしのことと存じます。

　このたびの実習では，大変お世話になりました。お忙しい中，未熟な私にきめ細かくご指導をいただき，おかげさまで十日間の実習を無事終了することができました。心より感謝申し上げます。

　私にとって初めての施設実習で，最初は子ども達の言動に戸惑うことも多く緊張の連続でした。そんな中，担当の先生から「自分から積極的にかかわっていくと，その分子どもから返ってくる」とご助言をいただき，心を開いて子どもとかかわることの大切さを痛感しました。その後は私なりに勇気を出してかかわるようにしたところ，少しずつですが子ども達も打ち解けてくれて，最終日はこれで子ども達とお別れかと思うととても悲しくなったことを覚えています。

　今回の実習を通して，子どもの目線に立ってかかわることの大切さ，子どもの生活全体を見て一人ひとりに応じた支援をする施設保育士の責任とやりがいを学ぶことができました。これもひとえに施設長はじめ職員の皆様のおかげです。本当にありがとうございました。

　今回の経験をもとに，残りの学生生活をよりよい保育者を目指して今後も頑張っていきたいと思います。どうか今後ともさらなるご指導をよろしくお願いいたします。

　末筆ながら，施設長はじめ諸先生方のご健康をお祈り申し上げます。

敬具

平成○○年○月○日

△△大学　□□学科　□年
△△　△△

社会福祉法人　○○園
　施設長　○○○○様

7) 封筒の書き方　記入例

　下記の例を参考に，封筒の大きさを考えてバランスよく収まるように記入する。

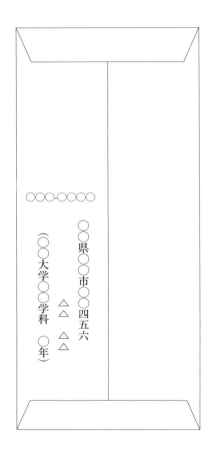

第3節　実習記録の反省と評価

　実習記録は多くの実習生にとって大きな課題であり，実習期間中の苦労を思うと読み返す気はなかなか起きないかもしれない。しかし，実習を通じて体験したこと，学んだことや心動かされたこと，職員の方から指摘されたこと，そして何より利用児（者）から教えられたことが書かれているのが実習記録である。また，「書くこと」についての姿勢や技術が表れているのが実習記録である。保育士としての「原点」となるものが実習記録の中に記されているのであるから，実習終了後に記録を読み返し，ふり返りをすることは重要なことである。

1. 実習記録のふり返り

1）提出状況と取り扱い

　まず，提出時間等のルールを守って毎日きちんと提出できたかどうかが大切である。決められたスケジュールに従うことは実習生の行動の基本であり，社会人としても求められることである。また汚れやしわ等をつけず丁寧に取り扱うことができたかも重要である。実習記録は自分1人だけのものではなく他者も扱うものであることから，大切に使用できたかどうかが大事である。

2）基本的な文章表現

　誤字や脱字がなかったか，本来漢字で書くべき文字までひらがなで書いていなかったかといった基本的な表記や，話し言葉と書き言葉の区別や係り受け等，日本語の文法をふまえた分かりやすい文章になっているかを客観的に確認する。

3）実践の記録としての「事実」と「考察」の記述

　実習生は，日々の生活の様々な場面で利用児（者）とかかわりを持つとともに，職員と利用児（者）とのかかわりを観察する。そうしたかかわり合いの中に保育士として持つべき視点や求められる態度，利用児（者）を理解する上での要点が含まれることから，「事実」と「考察」がきちんと記録されているかどうかがきわめて重要となる。「事実」とは，実習生や職員，利用児（者）の行動や言葉が，どんな場面でどのようになされたかということで，客観的な様子のことを指す。「考察」とは，利用児（者）の行動や言葉の背景にある事情や思い，実習生や職員がとった行動の意図，実習生の気づきや学びについての記述をいう。これらがきちんと書かれていることでより有意義なふり返りが可能となる。

　以上，ここまで述べたことは実習記録が自分だけでなく他者も読むものであること，そして他者が読んで理解できるように書くことが大切であることをふまえている。

2. 実習記録の活用

1）学習内容や気づきの確認

　短期間とはいえ施設現場に身を置いたからこそ学べたり気づいたりしたことが実習生には沢山あるはずである。施設の果たす役割や機能，利用児（者）の様子，施設職員の業務，支援の方法や技術等，机上の学習ではなかなか理解しにくい事柄を，記録を読み返すことで再度確認することが肝心である。

２）自分自身の変化・成長

　実習を通して自分がどのように変化したか，記述を通してふり返る。当初は利用児（者）とどうかかわったらよいか分からず受け身になりがちだったものが，打ち解けていくにつれて自分から言葉かけができるようになったり，よりスムーズに支援ができるようになる等，何らかの成長があったはずである。あるいは最初は明るく接することができていたのに，ある出来事がきっかけで自分を見失い，それ以降，消極的になってしまったということもあったかもしれない。そういった変化は利用児（者）観や保育観にも影響することであり，自分の見つめ直しにつながる。

３）疑問点の整理

　実習中感じた疑問について，どのようなことに疑問を感じたか，そして疑問は解消されたのか整理する。記録の中で疑問や質問を書いたものの，施設側から回答がなされなかったものがあれば，そのままにせず事後学習の中で解決を図ることが大事である。

４）反省と課題

　施設保育士になるために必要なことは多岐にわたり，その全てを実習期間内に学習しきれるものでは到底ない。自分ではよく準備したつもりで臨んでも，いざ現場に行けば失敗や反省の連続である。理解できなかったことや納得できなかったことも沢山あろう。記録にはそうした点について自己反省とともに職員からのコメントが記載されているはずである。それらをきちんと整理し，自身の課題を明確にすることがこれからの成長につながっていく。

第４節　実習施設との実習後のかかわり方

１．施設とのつながりを大切にする

　多くの学生にとっては，実習施設との関係は実習終了とともに終わりとなる場合がほとんどであろう。しかし短い実習期間の中で知り得ること，体験できることはごくわずかである。実習が終わっても実習先との関係を継続していくことは，施設や利用児（者）のさらなる理解につながり，今後の成長や学習にとって有益であることから，実習後もできるだけ関係を継続していくとよい。各施設は，地域に開かれた存在を目指してボランティアの受け入れや各種行事を開催している。そうした機会を活用して，積極的にお手伝いをしたり利用児（者）とのかかわりを持ってほしい。特に外部の人との交流の機会が限られがちな入所型施設の利用児（者）の中には，実習生の来訪を心待ちにしてい

る人もおられるであろう。施設側も歓迎してくださるはずである。

　また直接訪問することができなくても，年賀状や暑中見舞い等で近況を伝えたり，お世話になった方々の安否を気づかう等の心づかいをすることも良い方法である。

２．訪問時・訪問後の注意点

　実習先を訪問し利用児（者）とかかわりの機会を持つことは大変結構なことである。しかし，その際注意すべきことが２点ある。１点目は，利用児（者）との間に個人的な関係を持たないことである。連絡先を聞かれたり施設外で会うことを求められても応じてはならないことは，実習生であった時と同じである。あくまで自分の立場をはき違えないこと。２点目は訪問時に知り得た利用児（者）の個人情報を外部に漏らさないことである。実習生として過ごした期間があったことから，みなさんは通常の外来者よりも利用児（者）の情報を得やすい立場にあるかもしれない。しかし実習生であった時と同じく守秘義務があることを断じて忘れてはならない。

３．施設への就職を考えている場合

　実習施設への就職を希望する場合は，大学の就職担当者とも相談しながら就職活動を進めるとよい。その施設から大学に求人票が来ていれば，その内容にそって受験手続きを行えばよいし，もし求人票が届いていない場合でも，募集がないとすぐにあきらめるのではなく，施設長や希望する施設の人事担当者に就職希望であることを申し出るとよい。その時のために，履歴書はすぐ提出できるよう用意しておくことが肝心である。

第10章　施設実習後の実際

第11章

施設実習の評価

第1節　評価の意義と目的

1．なぜ評価をするのか

　実習は保育士になるためのものであり，「楽しかった」「大変だった」という感想にとどまっていてはイベントとして終わってしまう。実習では，観察やかかわりを通して利用児（者）についての理解を深め，保育士として必要な態度，知識，技能を身につけなければならない。評価は，これらがどの程度達成できたのかを振り返り，保育士としての自分について知るためのものである。評価を通して，保育士を目指す学生あるいは社会人として自分の姿を振り返ることは，実習での経験を深く考察し，またその後の学びにおける課題や目標を設定するために必要なことである。

　評価は大きく分けると，実習先の施設，実習生自身，養成校の教員の三者によって行われる。それぞれの視点による評価から，実習中には気付かなかった自分の課題や強み，保育士としてこれから身につけなければならないことを明確にする。そして，これらを踏まえて，次の実習までの期間に，養成校での授業やボランティア等の課外活動を通して力をつけていく。

2．誰のための評価なのか

　おそらくほぼ全ての学生が実習の評価を気にするだろう。自分を評価されるのだから，評価内容を気にすることは当然である。では，評価は誰のためのものであろうか。もちろん評価は学生に対してされるものであるから，学生のためのものである。しかし，それだけではない。将来，学生が保育士になってかかわる乳幼児や利用児（者）やその保護者のためのものでもある。評価者が学生に対して厳しい目になるのは，それだけ「将来，この学生が利用児（者）とかかわるとしたら」という視点をもって評価されるからである。利用児（者）についての理解や保育技術が現場の保育士等にかなわないのは当然のことであるから，実習生に課題がないということはない。また，保育士は就職してからも常に自分の課題と向き合い続けなければならない職業である。評価について一喜一憂しすぎず，「自分」と「将来自分がかかわる利用児（者）」のためになるものだと冷静に受け止め，評価を栄養としてぐんぐん成長してほしい。

第2節　評価項目とその内容

1．実習施設からの評価

　実習施設は「実習評価票（以下，評価票）」を用いて学生を評価する。評価票は各養成校が作成し，実習施設に記入を依頼するため，その書式は養成校によりさまざまである。ここでは，全国保育士養成協議会が挙げている「保育実習Ⅰ（施設）」の評価票様式（表11-1）と「保育実習Ⅲ」の評価票様式（表11-2）を紹介する。多くの養成校が，これらと同様の観点によって評価票を作成している。

表11-1　保育実習Ⅰ（施設）評価票

実習生	第　　学年	学籍番号		氏名	
施設名称			施　設　長		㊞
			指導担当職員		㊞
実習期間	平成　　年　月　日（　）　～　平成　　年　月　　日（　）（合計　　日間）				
勤務状況	出勤　　日　　欠勤　　日　　遅刻　　回　　早退　　回　　備考				

項　目	評価の内容	評　価（該当するものをチェック）			所　見
		実習生として優れている	実習生として適切である	実習生として努力を要する	
態度	意欲・積極性				
	責任感				
	探究心				
	協調性				
知識・技能	施設の理解				
	一日の流れの理解				
	利用者のニーズの理解				
	援助計画の理解				
	養護技術の習得				
	チームワークの理解				
	家庭・地域社会との連携				
	利用者とのかかわり方				
	保育士の職業倫理				
	健康・安全への配慮				
総合所見		総合評価（該当するものに○）	実習生として A：非常に優れている B：優れている C：適切である D：努力を要する E：成果が認められない		

実習指導者　　　　　　　　　　　

実　習　生

表11-2　保育実習Ⅲ評価票

<table>
<tr><td>実習生</td><td colspan="2">第　　学年　　学籍番号</td><td colspan="3">氏名</td><td></td></tr>
<tr><td rowspan="2">施設名称</td><td rowspan="2" colspan="2"></td><td colspan="3">施　設　長</td><td>㊞</td></tr>
<tr><td colspan="3">指導担当職員</td><td>㊞</td></tr>
<tr><td>実習期間</td><td colspan="7">平成　　年　　月　　日（　）　～　平成　　年　　月　　日（　）（合計　　日間）</td></tr>
<tr><td>勤務状況</td><td colspan="4">出勤　　日　　欠勤　　日　　遅刻　　回　　早退　　回</td><td colspan="3">備考</td></tr>
</table>

項目	評価の内容	評価（該当するものをチェック）			所見
		実習生として優れている	実習生として適切である	実習生として努力を要する	
態度	意欲・積極性				
	責任感				
	探究心				
	協調性				
知識・技能	養護技術の展開				
	一人一人の利用者への対応				
	利用者の最善の利益				
	援助計画立案と実施				
	記録				
	保護者とのかかわり				
	地域社会との連携				
	チームワークの実践				
	保育士の職業倫理				
	自己課題の明確化				

<table>
<tr>
<td rowspan="6">総合所見</td>
<td rowspan="6"></td>
<td rowspan="6">総合評価
（該当する
ものに○）</td>
<td>実習生として</td>
</tr>
<tr><td>A：非常に優れている</td></tr>
<tr><td>B：優れている</td></tr>
<tr><td>C：適切である</td></tr>
<tr><td>D：努力を要する</td></tr>
<tr><td>E：成果が認められない</td></tr>
</table>

実習指導者 _____

実　習　生 _____

（出典：表11-1，11-2ともに全国保育士養成協議会編『ミニマムスタンダード─現場と養成校が協働して保育士を育てる』北大路書房，2007年，127，129頁より作成）

1）「態度」に関する項目

　「態度」とは，実習全般において，保育士として，あるいは社会人として必要な行動ができていたかを評価するものである。この項目は，「保育実習Ⅰ（施設）」と「保育実習Ⅲ」のどちらも共通しており，専門性以前に求められる基本的なものである。

「意欲・積極性」は，主体的に実習に取り組んでいるかどうかである。具体的には，自ら利用児（者）に声をかける，分からないことがあったら実習先の指導者等に質問をする，1日の流れがつかめてきたら率先して掃除等できることをするといった行動から読み取られる。「責任感」は，利用児（者）と一緒に生活する上で，安全への配慮や健康管理ができているか，提出物の期限等の約束やルールは守れているかといった視点である。「探究心」は，利用児（者）の姿，職員のかかわり等について「なぜこうしたのだろうか」，あるいは環境構成について「なぜこうなっているのだろうか」というように，利用児（者）や保育を理解しようという姿勢に関するものである。「協調性」は，全体の様子をみながら実習生としてできることを考えることや職員の方の指示や指導を素直に受け止め，実行することができていたかという視点である。

2）「知識・技能」に関する項目

「知識・技能」は保育士として必要な知識や技能の習得について評価するものである。ここで留意したいのは，「実習生として」ということである。まだ保育を学んでいる段階であるから，現場で活躍されている保育士と比べると，知識も技能も未熟であるのは当然である。実習の評価では，「実習生として，ここまでは習得しておいてほしい」という到達点に達しているか否かを判断していただく。そのため，この項目は，「保育実習Ⅰ（施設）」と「保育実習Ⅲ」とでは内容が異なる。保育所実習と同じく，初めての施設実習「保育実習Ⅰ（施設）」と比べると，2回目の「保育実習Ⅲ」では「実習生として」求められるものがより専門的になる。

「保育実習Ⅰ（施設）」では，児童福祉施設がどのような場所で，どのような人達が過ごしているのかを理解することに重点が置かれている。また，利用児（者）とかかわることが初めての学生は少なくないため，まずは利用児（者）について知ることが求められる。あいさつや一緒に食事をするといった基本的なかかわりを通して学び，現場の保育士等の姿を観察し，お手本としながら行動することが大切である。

「保育実習Ⅲ」では，「保育実習Ⅰ（施設）」で学んだことを実践していくことが求められる。障害児（者），被虐待児としてではなく，一人の人間として，「この子，この人はどのような人なのか，何を求めているのか」という視点をもち，個人や状況に応じたかかわりを自ら考える力が必要である。また，利用児（者）や現場の保育士等の姿を観察する視点がより洗練されたものとなり，日誌に反映できるようになっていることが大切である。

第3節　実習体験報告会の開催と活用

　実習を終えたら，養成校で実習体験報告会が行われることが多い。施設実習は，学生によって異なる種別の施設で実習をする。そのため，例えば乳児院で実習をした学生と障害者支援施設で実習をした学生とでは，対象となる人の年齢や背景，施設の役割，日々の生活等が大きく異なる。つまり，学べる内容が学生によってさまざまとなる。

　保育士として，児童福祉法に定められている児童福祉施設のうち，自分が実習をした施設のことさえ理解していればよいということはない。児童福祉施設については，児童家庭福祉，社会的養護や社会的養護内容等を養成校の授業で学習するが，より具体的に各施設について知り，保育士の役割について学習するためにも，実習体験報告会は有意義である。また，実習体験報告会には，同じ時期に実習をした学生同士だけではなく，次年度実習に臨む後輩がいる場合もある。その場合には，実習に向けて準備しておくべきことや心構え等も伝えたい。

　実習体験報告会でさまざまな施設における体験を聞くことで，保育士の仕事の多様性を知る。そして，多様性の中から共通性を見つけ，どの施設でも保育士として必要な態度・知識・技能を見つける。

１．実習体験報告会の内容

　実習体験報告会で，自分の実習体験を他学生に話す内容の例は以下の通りである。

１）実習施設の概要について

　施設の種類，規模，定員，一日のスケジュール，職員構成等，実習施設がどのような施設であったかを紹介する。この際に，実習施設からいただいたパンフレット等があれば活用する。

２）実習施設の利用児（者）について

　実習施設の利用児（者）の特徴や背景，年齢構成，施設での過ごし方等を紹介する。例えば児童発達支援センターの場合，どのような障害，どの程度の障害児が，週にどのくらい利用し，どのような遊びや活動をしているのかを伝える。

　また，実習生が利用児とどのようなことをして過ごしたのか，かかわる上で気を付けなければならないことや学んだことについて事例を踏まえる等して具体的に話す。具体的な生活の流れや支援方法から，施設ごとの特徴がみえてくる。この際に，守秘義務を

遵守し，利用児（者），職員の名前等の個人情報は絶対に話してはならない。

3）実習全般について

　施設実習は，施設によっては宿泊を伴う。そのため，保育所や幼稚園実習とは異なるスケジュールや実習内容になることが少なくない。実習生としての生活の仕方やルールについても振り返ってみる。

2．実習体験報告会を有益なものとするために

　気を付けたいのは，批判的な報告にしないということである。「利用者さんとかかわってね，としか言われず，何をしたらいいか分からなかった。」「掃除ばかりだった。」等と，批判的な感想になってしまうと，せっかくの経験を学びへと活かすことができなくなる。実習生が自分で考える機会を設けるために，具体的な指示がなかったのかもしれないし，掃除は利用児（者）が衛生的に，快適に生活するための重要な仕事の一つである。実習体験報告会に向けて，実習中の経験を改めて振り返ると，実習中には気付かなかったことに気付くことができるかもしれない。ネガティブにとらえていた経験も，「もしかすると」という視点をもち，ポジティブな側面も振り返ってみる。

　実習施設は利用児（者）の生活の場であるから，中心は利用児（者）である。実習生に手取り足取り教える時間がない場合もある。また，保育や福祉の現場では，専門性や臨機応変さを求められるため，実習生には任せられないことも沢山ある。勝手な解釈をして，他の学生に誤解を与えることのないようにする。しかし，同じ実習生という立場で経験した，自身の課題や達成感等は互いに共有して，次の学びへの勇気づけとする。

第4節　実習終了後の振り返り

1．施設実習の自己評価
1）自己評価はなぜ必要か

　実習の評価は実習施設や養成校だけではなく，実習生自身も行う。自己評価は，実習施設から返却される評価票の内容を知る前に行う。なぜなら，実習施設からの評価を見ることで，それに影響されてしまい，純粋に自分で自分を評価するということができなくなるからである。

　保育士は，就職してからも常に自分の保育を振り返らなければならない職業である。「保育所保育指針」には，「保育士等は，保育の計画や保育の記録を通して，自らの保育実践を振り返り，自己評価することを通して，その専門性の向上や保育実践の改善に努

めなければならない」（第4章「保育の計画及び評価」2．保育の自己評価（1）保育士等の自己評価）[1]と記されている。保育をやりっぱなしにせず，「今日の活動はどうだったかな」「あの子へのかかわりはあれでよかったかな」と具体的に振り返り，「明日はこうしてみよう」という目標へとつなげる。この振り返りが現実とちぐはぐであってはならないから，自分で自分を評価する力は大切になる。

　学生は実習期間中の自己を振り返り，自分で自分を評価し，自分で課題を見つけていく力を身に付けなければならない。実習施設による評価票の内容と自己評価が大きく異なっている場合には，なぜなのかを検討しなければならない。自分ではよくできていたと思っていても，実習施設から不十分と評価された場合，自分を客観的に見る力がついていない可能性がある。例えば，評価項目の「利用児（者）と積極的にかかわることができたか」について，かかわった利用児（者）が楽しそうであったため，自分ではよくできたと思っていたとしても，それが特定の利用児（者）とのみであれば，実習先からの評価は高くないであろう。専門職としては，特定の人，特定の場面，あるいは「頑張った」ということだけでは評価されないのである。

2）自己評価を用いて養成校の教員と面談しよう

　おそらく，多くの養成校で自己評価の提出を求められるだろう。養成校は，実習施設から届く評価票，学生の自己評価，実習巡回時の様子等を総合して，学生がどのような実習をし，何を学び，どう成長したかを把握する。そして，それぞれの学生の状況に応じた事後指導をする。

　多くの情報に基づいて行われる養成校の教員との面談では，良かったことも悪かったことも素直に話そう。それまでの養成校の学びの様子を知っている教員は，学生一人一人に応じた課題等を共に考えてくれるであろう。

　中には自己評価が低い学生がいることもある。事情を聞いていくと，実習中に傷つくような言葉をかけられたり，学生一人ではできそうにもない役割を任せられたりといった経験をしている場合もある。養成校の事前指導では社会人としてのマナーや実習生としての責任等について前もって指導がある。しかしながら，まだ社会人ではない学生には，自分の身に起こっていることに対して社会人としてどのように対応すべきか判断できないこともある。ひたすら「自分ができないからだ」，「自分が悪い」と考え，誰にも相談しないこともあり，ぜひ，実習中に起きたことや疑問に思ったことは養成校の教員に話してほしい。教員と共に考えることで，さまざまな対応の方法について知ることも

1）　『保育所保育指針解説書』（2008），149頁

できる。不必要に低い自己評価は，保育士になるという意欲を低下させてしまうかもしれない。

高すぎる自己評価，低すぎる自己評価はどちらも養成校の教員と共に修正し，より客観的に自分をとらえる力を身に付けることが大切である。

2．施設実習の課題の整理

実習施設による評価票，自己評価や養成校の教員からのアドバイス等をふまえて，次の実習に向けた具体的な課題を整理する。そして，さまざまな評価を通して浮き彫りになった自分自身の課題をクリアするための行動を考える。

例えば，「日誌を適切に工夫して書けるようにする」という課題があるとする。これで終わってしまうと，クリアするための具体的な行動が分からない。まず，「適切に工夫して」とはどういうことであろうか。ここでは，「読み手に，その場の状況や，学生の学びが明確に伝わる」とする。それでは，日誌を適切に工夫して書くためには何が必要かを，いくつか挙げてみるとよい。

例）自己課題「日誌をより適切に工夫して書けるようにする」ために必要なこと
・　保育の専門用語を覚え，漢字で書けるようにする。
・　きれいな字で書く。
・　行動を具体的に書く。
・　行動だけではなく，気付いたことや学んだことも書く。

では更に，これらを達成するために実行しなければならないことを考えてみる。

例）自己課題「日誌をより適切に工夫して書けるようにする」を達成するために実行すること
・　保育の専門用語が載っている『○○○（具体的な本のタイトル）』を買って，毎日１ページずつ読み進める。
・　字形の練習を『○○○（具体的な本のタイトル）』を買って，毎日１ページずつ練習する。
・　施設実習の日誌を読み直し，もう一度書く。書き直したものを養成校の教員に添削してもらうのもよい。
・　『○○○（具体的な本のタイトル）』に載っている日誌の見本を写す。

このように，「日誌を適切に工夫して書けるようにする」という課題に対して，具体的にすることが沢山でてくる。これらを確実にやっていけば，自己課題の到達に近づく。

　自分の課題を具体的に言語化して取り組んでほしい。学生のときのこの力は，将来保育者になって，子ども達の姿をとらえるときにも役立つ。例えば，「あの子はコミュニケーションの力が未熟です」と言われても，どのような利用児（者）なのか伝わってこない。聞き慣れている言葉ではあるが，具体的な姿は伝わらない。コミュニケーションの力とは何なのか，未熟とはどのような状態なのだろうか。あいまいな表現ばかり使っていると，保護者や保育士同士のやりとりにおいて誤解が生じてしまうことがある。この誤解で誰が困るかというと，それはいつでも利用児（者）なのだ。将来のためにも，具体的に自分の課題を挙げられるようになることが望ましい。

コラム　3

QOL（quality of life）について

　QOL（quality of life）は日本語で「生活の質」等と訳されている。

　福祉や医療の現場でよく使われる言葉であるが，施設実習においても大切なキーワードとなっている。

　「生活の質」とは何だろうか。「生活の質」を向上させるには，一体何が必要なのだろうか。ある人は「お金」と答えるかもしれないし，「時間」と答えるかもしれない。また「友人」や「家族」を挙げる人もいるだろう。この様に人それぞれ様々な答えを頭に思い浮かべることだと思う。

　「QOL」の定義はWHO（世界保健機構）の「健康の定義」（1946年）に端を発して，1970年代以降アメリカを起点として，世界的にQOL尺度の研究等が進んでいったとされている。

　現在一般的に「QOL」は個々の生活を物質的な豊かさのみによって計るのではなく，その人自身の「生きがい」や「精神的な豊かさ」を重視しようという考え方であるとされている。また，その際「自分らしさ」や「人間らしさ」を大切な基準として考えている。

　人は誰しも，この世に生まれた限り「人間らしく」「自分らしく」生きる権利や尊厳を有している。私達人類は長い歴史の中で，様々な出来事を繰り返しながら「人としての権利」や「人としての尊厳」について考えてきた。

　私達が生きる世界には多くの人がおり，また様々な状況に置かれている人達がいる。

　施設実習でその対象となる施設の利用児（者）は，生活を営む上で何らかの困難を抱えている人達である。乳児院や児童養護施設で暮らす子ども達は養育環境に困難を抱えているし，また障害児（者）施設で暮らす人達は様々な身体面，知的面での障害を抱えている。

　施設実習に向かうにあたって，また利用児（者）の生活とかかわる上で，この「QOL」について意識をしてほしい。「QOL」の向上にはその人の社会的状況や固有の状況（障がいや疾病，養育環境）等をしっかりと把握する必要がある。また，一人一人違ったニーズを丁寧に理解し，寄り添い，支援をしていく必要がある。決して簡単なことではないと思われる。また実習生という立場でどこまでできるかという問題もあるかもしれない。しかしながら，実習先である各種施設やその施設で勤務する職員，保育士の役割として利用児（者）のQOLの向上は欠かすことのできない任務・業務である。

　この様に書くと大仰に感じるかもしれないが，よく考えてみてほしい。

　相手に対して「その人らしさや尊厳を尊重し」，「相手の状況をしっかりと見つめ」，「その人のニーズに沿った支援をする」事は，私達が日常，人とかかわる上でもとても大切なことなのである。

　私達はこのことを忘れがちであるが，施設実習を通じて，自身の他者とのかかわりを見つめ直す機会とされることを願っている。

（中原　大介）

引用・参考文献

第1章

「社会的養護の課題と将来像 児童養護施設等の社会的養護の課題に関する検討委員会・社会保障審議
会児童部会社会的養護専門委員会とりまとめ（平成23年7月）」http://www.mhlw.go.jp/bunya/
kodomo/syakaiteki_yougo/dl/08.pdf

「社会的養護の課題と将来像の実現に向けて 児童養護施設等の社会的養護の課題に関する検討委員
会・社会保障審議会児童部会 社会的養護専門委員会とりまとめ（平成23年7月）の概要とその取組
の状況」http://www.mhlw.go.jp/bunya/kodomo/syakaiteki_yougo/dl/yougo_genjou_02.pdf

柏女霊峰監修・全国保育士会編『改訂版 全国保育士会倫理綱領ガイドブック』全国社会福祉協議会,
2009。

第2章

ミネルヴァ書房編集部編『保育小六法　2016（平成28）年版』ミネルヴァ書房, 2016。

太田光洋編著『幼稚園・保育所・施設実習完全ガイド』ミネルヴァ書房, 2015。

「児童自立支援施設運営指針」厚生労働省, 2012。

「児童養護施設運営指針」厚生労働省, 2012。

「情緒障害児短期治療施設運営指針」厚生労働省, 2012。

「児童養護施設入所児童等調査の結果」厚生労働省, 2015。

「乳児院運営指針」厚生労働省, 2012。

「母子生活支援施設運営指針」厚生労働省, 2012。

第3章

『障害者総合支援法事業者ハンドブック指定基準編2015年版』中央法規出版, 2015。

福祉臨床シリーズ編集委員会編『相談援助実習・相談援助実習指導第2版』弘文堂, 2014。

東京都社会福祉協議会編『障害者総合支援法とは［改訂第2版］』東京都社会福祉協議会, 2015。

広島市健康福祉局健康福祉企画課編『'15保健・福祉の手引き平成27年度版』広島市健康福祉局,
2015。

小野澤昇・田中利則・大塚亮一編著『保育の基礎を学ぶ福祉施設実習』ミネルヴァ書房, 2014。

守巧・小櫃智子・二宮祐子・佐藤恵著『施設実習パーフェクトガイド』わかば社, 2014。

藤京子・増南太志・中島健一朗著『より深く理解できる施設実習』萌文書林, 2015。

社会福祉士養成講座編集委員会編『障害者に対する支援と障害者自立支援制度第5版』中央法規出版,
2015。

第4章

小舘静枝・小林育子・漁田俊子・高浦康弘・鳥海順子・長島和代・西方栄・山田美津子・米山岳廣著

『改訂施設実習マニュアル　施設実習の理解と実践』萌文書林，2006。

小田豊監修，岡上直子・鈴木みゆき・酒井幸子編著『保育士養成課程　教育・保育実習と実習指導』
　　光生館，2012。

守巧・小櫃智子・二宮祐子・佐藤恵『施設実習パーフェクトガイド』わかば社，2014。

西川ひろ子・杉山直子編『幼稚園・保育所・認定こども園への教育・保育実習の手引き』溪水社，
　　2016。

大田光弘編著『幼稚園・保育所・施設実習完全ガイド 第2版』ミネルヴァ書房，2015。

民秋言・安藤和彦・米谷光弘ほか編著『保育ライブラリ 保育の現場を知る 施設実習』北大路書房，
　　2004。

第5章

厚生労働省「指定保育士養成施設の指定及び運営の基準について」（http://www.mhlw.go.jp/file/06-
　　Seisakujouhou-11900000-Koyoukintoujidoukateikyoku/0000108972.pdf）

第6章

高谷清『重い障害を生きるということ』岩波新書，2011年，102頁。

全国保育士養成協議会編『保育実習指導のミニマムスタンダード』北大路書房，2007。

太田光洋編著『幼稚園・保育所・施設実習完全ガイド』ミネルヴァ書房，2012。

小原敏郎，直島正樹，橋本好市，三浦主博『本当に知りたいことがわかる！保育所・施設実習ハンドブッ
　　ク』ミネルヴァ書房，2016。

厚生労働省「児童養護施設運営指針」2012。

内閣府『子供・若者白書　平成27年版』日経印刷，2015。

第7章

全国保育士養成協議会専門委員会編著『保育士養成資料集 第44号 保育士養成システムのパラダイム
　　転換−新たな専門職像の視点から−』全国保育士養成協議会，2006，137-142頁。

小野澤昇・田中利則編著『保育士のための福祉施設実習ハンドブック』ミネルヴァ書房，2011。

内山元夫・岡本幹彦・神戸賢次『保育士養成課程　福祉施設実習ハンドブック』㈱みらい，2005。

松本峰雄監修『より深く理解できる施設実習−施設種別の計画と記録の書き方』萌文書林，2015。

第8章

畠山倫子編著『幼児教育法 教育・保育・施設実習』三晃書房，2005。

西川ひろ子・杉山直子編著『幼稚園・保育所・認定こども園への教育・保育実習の手引き』溪水社，
　　2016。

上野恭裕・大橋喜美子・浦田雅夫編著『考え，実践する教育・保育実習』保育出版社，2011。

第9章

福島里美「里親から養育のコツを聴く—ほめ方・叱り方，試し行動への対応について—」『ソーシャル
　　ワーク実践研究』第4号，ソーシャルワーク研究所，2016，78-88頁。

第11章
厚生労働省『保育所保育指針解説書』フレーベル館，2008，149頁。
全国保育士養成協議会編『保育実習指導のミニマムスタンダード』北大路書房，2007，127頁，129頁。

索　引

【あ行】
医療型児童発達支援センター　21
医療型障害児入所施設　18，19，51，54，57
親子関係の再構築　4-6

【か行】
学習支援　88
学内オリエンテーション　34
家族再統合　50
学校保健安全法　5
家庭支援専門相談員　13，15，18，35，47，51
QOL　112
子どもの最善の利益の尊重　9
個別対応職員　13，15-18，47

【さ行】
サービス管理責任者　27
サービス提供責任者　27
施設実習　3，24，36，45，51，109
施設保育士　4，7
実習計画
　　児童養護施設　67
　　障害児施設　70
　　障害者施設　69
　　乳児院　68
　　母子生活支援施設　68
実習記録
　　児童養護施設　80
　　障害児（者）施設　83
　　乳児院　78
　　母子生活支援施設　82
実習体験報告会　108
児童館　22
児童指導員　12，13，17，19，20，35，47，51
児童自立支援施設　17
児童自立支援施設運営指針　17
児童の権利に関する条約　9
児童発達支援センター　20

児童福祉施設　10
児童福祉施設の設備及び運営に関する基準
　　　　　　　　　　　　4-6，14，15，21
児童福祉法　1，10，14-21，19，20，91
児童養護施設　5，12，57，67，79
児童養護施設運営指針　6，13
守秘義務　41，91
障害児入所施設　18
障害者支援施設　25
障害児（者）施設　82
障害者総合支援法　24，26-28
障害福祉サービス事業所　25，29-31，33，51，58
情緒障害児短期治療施設　6，16
情緒障害児短期治療施設運営指針
　　　　　　　　　6，10，16，46，55，58
心理療法担当職員　13，15-18，35，47，51
全国保育士会倫理綱領　6，8
相談支援専門員　26，27

【た行】
他職種連携　47
地域小規模児童養護施設（グループホーム）　13
デイリープログラム　52

【な行】
乳児院　4，14，57，68，78

【は行】
福祉型児童発達支援センター　20
福祉型障害児入所施設　18，53，57
保育実習　1，2
保育実習実施基準　34
母子生活支援員　16
母子生活支援施設　5，15，58，68，81

【や行】
養育　4

117

執筆者一覧（執筆順）

小坂　哲也　広島国際大学医療福祉学部
　　　　　　第1章（第1，2節）

岡本　晴美　広島国際大学医療福祉学部
　　　　　　第1章（第3，4節），第8章（第4節：
　　　　　　表8－1），第9章（第4節）

下西さや子　広島国際大学医療福祉学部
　　　　　　第2章（第1，2節）

山田　修三　安田女子大学教育学部
　　　　　　第2章（第3節），コラム②

田野　慎二　広島国際大学医療福祉学部
　　　　　　第3章

眞砂　照美　広島国際大学医療福祉学部
　　　　　　第3章

西川ひろ子　安田女子大学教育学部
　　　　　　第4章（第1節），第8章（第2，3，
　　　　　　4節），第9章（第1，2，3，5節），
　　　　　　コラム①

中村　勝美　広島女学院大学人間生活学部
　　　　　　第4章（第2節）

加藤　美帆　広島女学院大学人間生活学部
　　　　　　第4章（第3節）

光盛　友美　広島国際大学医療福祉学部
　　　　　　第5章

深澤　悦子　広島都市学園大学子ども教育学部
　　　　　　第6章

中原　大介　福山平成大学福祉健康学部
　　　　　　第7章，コラム③

佐々木尚美　広島文化学園大学学芸学部
　　　　　　第8章（第1節）

近藤　鉄浩　宇部フロンティア大学短期大学部
　　　　　　第10章

濱田　祥子　比治山大学現代文化学部
　　　　　　第11章

米澤　希紀　イラスト

施設実習の手引き

平成29年3月20日　　初版第1刷発行
令和6年9月10日　　　　第2刷発行

編　者　西川ひろ子・山田修三・中原大介
発行所　株式会社　溪水社
　　　　広島市中区小町1-4　（〒730-0041）
　　　　電話　082-246-7909　　FAX　082-246-7876
　　　　e-mail：contact@keisui.co.jp
　　　　URL：www.keisui.co.jp

ISBN978-4-86327-388-7　C2037

===== 好評既刊書 =====

保育原理

西川ひろ子・山田修三・中原大介【編】並製 136 頁　1800 円

保育の歴史的変遷から、わが国における現代の保育に関する法制度、子どもと保護者、保育者等をとりまく実情と課題等、保育の基礎を学ぶ。

▼「保育」とは何か／保育の基礎としての子ども観／保育の質の向上のための乳幼児の発達と子ども理解／保育に関する法令及び制度／幼稚園教育要領における保育／保育所保育指針における保育／幼保連携型認定子ども園教育・保育要領における保育／保育の計画／世界における保育思想と歴史的変遷／日本における保育思想と歴史的変遷／現代における保育の現状と課題。

施設実習の手引き

西川ひろ子・山田修三・中原大介【編】並製 124 頁　2000 円

実習の概要、各施設についての解説から、オリエンテーション、実習の準備と実際、実習記録の書き方、実習施設へのかかわり方、施設でのトラブル回避について、評価まで、施設実習についての具体を解説する。

▼施設実習の概要／児童福祉施設の理解と概要／障害者支援施設の理解と概要／施設実習オリエンテーション／施設実習前の準備／施設実習の実際／実習計画の作成／実習記録の書き方／施設実習中のトラブル／施設実習後の実際／施設実習の評価

明日の保育・教育にいかす　子ども文化

田中卓也・藤井伊津子・橋爪けい子・小島千恵子【編】並製 184 頁　1800 円

子ども文化の歴史と理論、具体的な実践方法を簡潔にまとめた書。紙芝居、お話、人形劇、パネルシアターなどの活用方法やポイント等、保育実習などでも活用できるよう紹介する。

▼子ども観の形成と児童文化の歴史／児童文化財とその周辺／伝承遊び・うた遊び・ごっこ遊び／お話／絵本／紙芝居／人形劇／ペープサート／パネルシアター／エプロンシアター／子どもと楽しむ遊び・レクリエーション／児童文化をめぐる諸問題とこれからの展望

子どもが良さを発揮する《改訂版》　―親と教師の見方と言葉―

小川雅子【著】並製 158 頁　1500 円

問題点と見えることから良さを見つけて育てる観点と体験例、古典の思想が生きた現代の事例を紹介。子ども独自の良さが発揮される教育を追求する。

▼第 1 部　隠れた良さの見つけ方・育て方／第 2 部　事例に生きる先人のことば

やさしい道徳授業のつくり方

（心をひらく道徳授業実践講座 1）鈴木由美子・宮里智恵【編】並製 200 頁　1900 円

道徳授業の歴史、学校教育の中での位置づけ、教材の特徴、学習指導案の書き方、板書の仕方などを具体的事例をあげ論述する。

▼道徳授業の成り立ち／道徳授業での学び／学校教育の中での道徳授業の位置づけ／子どもの道徳性と発達的特徴／学習指導案作成の考え方／評価の仕方／教科や体験活動との関連／タイプ別学習指導案のつくり方／心情タイプの学習指導案／心情ジレンマタイプの学習指導案／プログラムタイプの学習指導案／発問構成の工夫／板書構成の仕方／家庭や地域との連携方

子どもが変わる道徳授業　―小中学校タイプ別授業事例集―

（心をひらく道徳授業実践講座 2）鈴木由美子・宮里智恵・森川敦子【編】並製 240 頁　2100 円

道徳教育で子どもが変わる――。心情曲線を用いた道徳教育の授業展開を学年別に紹介。学習指導案、板書、発問の工夫など、授業を変えるたくさんのヒントを提供する。

▼タイプ別道徳授業とは／小学校低学年の道徳授業／小学校中学年の道徳授業／小学校高学年の道徳授業／中学校の道徳授業